우리가 사랑할 때 물어야 할 여덟 가지

우리가 사랑할 때 물어야 할 여덟 가지

행복한 남녀관계를 위한 대화 수업

EIGHT DATES

존 가트맨, 줄리 슈워츠 가트맨
더글러스 에이브럼스, 레이철 칼턴 에이브럼스 지음
정미나 옮김

해냄

데이트로 지속적인 사랑을
키워나갈 수 있다면

"우리는 서로 잘 맞는 사이일까?" "성격 차이, 괜찮을까?" "과연 헤어지지 않고 잘 살 수 있을까?" "과연 이 사람이 최고의 선택일까?"

예전부터 이러한 질문들은 연애를 하거나 결혼을 앞둔 예비부부만이 아니라 결혼생활을 오랫동안 해온 부부들도 자주 해왔습니다. 하지만 결혼을 망설이는 커플들이 늘어나고 있고, 이혼하는 부부가 많아지는 요즘에는 이러한 질문을 단순히 호기심으로 치부할 수도 없고, 혼자서 답을 얻을 수도 없습니다. 그렇기 때문에 사주, 궁합을 보거나 인터넷으로 '나의 이상형 찾기' '러브 테스트' '미팅성공 전략' '연애적성검사' '맞선 주의사항' 등을 알아보기도 합니다.

제가 정말 용한 곳을 소개하겠습니다. 그곳에는 어떤 커플들이 이혼할지 94퍼센트 확률로 예측해 줍니다. 뿐만 아니라 어떤 사람들이 관계를 원만하게 지속하는지 미리 알고 대비할 수 있도록 과학적, 임상적으로 효과가 검증된 방식으로 점검도 해줍니다. 그곳이 바로 이 책 『우리가 사랑할 때 물어야 할 여덟 가지』입니다.

구체적이고 실용적인 관계의 레시피

이 책의 저자 중 한 명은 '관계학의 아인슈타인'이라고 일컬어지는 워싱턴대학 심리학과 존 가트맨 명예교수입니다. 그는 40여 년간의 연구를 통해 서로 '소중하고 특별한 짝'인지를 알 수 있는 데이트 공식을 알려주고, 행복한 관계를 유지할 수 있는 구체적 방법을 쉽고 명료하게 설명합니다. 이는 통계와 수학적 수치와 공식으로 보여주며, 긍정적 변화로 이끌어 내어 관계의 불확실성을 해소할 수 있도록 도와줍니다.

이렇게 말하면 딱딱한 이론과 무미건조한 숫자가 가득한 책이 아닐까 의심이 들지도 모릅니다. 하지만 예상과 달리 이 책은 재미있고, 호기심을 자극하며 책을 다 읽기도 전에 '작전개시'를 하고 싶을지도 모릅니다.

이 책은 공저자인 결혼 전문가 커플의 풋풋한 의대생 시절(더글러스 부부) 이야기부터 한 번씩 이혼을 한 커플(가트맨 부부)의 성공적 재혼 이야기, 그리고 수십 년의 결혼생활 속에 크고 작은 시행착오를 통해 깨달은 경험과 지혜가 소개되어 있습니다.

'어떻게 하면 좀더 멋진 러브스토리를 써나갈 수 있을까?'를 고민하는 커플로 시작해서 결혼식 날 밤보다 50주년 결혼기념일을 맞은 부부가 더 크고 깊은 사랑을 느낄 수 있도록 영원한 사랑의 비밀을 과학적으로 풀어줍니다. 관계의 성패는 운이 아닌 선택이고, 그 선택에 대한 대가는 완벽함이 아니라 꾸준한 노력과 연습이라는 진리를 자신들의 이야기와 함께 다양한 임상 사례와 관계의 행복 레시피로 친절하게 알려줍니다.

세상에는 이상적인 해결책을 제시하는 책이 많습니다. 그러나 아무리 좋아도 실천하기 어렵다면 그림의 떡입니다. 저는 이 책에서 소개된 방법들이 구체적이고 실용적임을 잘 압니다. 가트맨 박사 부부가 자신이 가르치는 대로 실천한다는 사실을 알기 때문입니다.

저는 20년 넘게 가트맨 박사 부부에게 직접 배우고, 일 년에 한두 차례씩 만나고, 지금도 화상이나 메일로 연락을 주고받습니다. 심지어 두 분의 자택에서 여러 날을 머물면서 서로 얼마나 믿고 의지하며 배려하고 존중하는지 가까이에서 지켜보았습니다. 노년기에도 둘만의 시간을 갖기 위해 해마다 2주간의 밀월여행을 하고, 수시로 애정이 듬뿍 담긴 눈길로 마주 보며, 재치 있는 농담으로 활짝 웃고, 의견이 다를 때조차 서로 진지하게 경청하며 대화합니다.

관계에도 교육이 필요하다

저는 가트맨의 부부 치료 이론과 임상적 개입법을 배워서 한국에서 2005년부터 수천 쌍의 부부들에게 적용했습니다. 부부 상담과 교육을 해오면서 부부들이 이혼의 위기를 무사히 넘기고, 행복하고 안정적인 관계로 변화하는 것을 지켜보았습니다. 그러면서 한 가지 아쉬움이 남았습니다. 바로 이러한 관계 교육을 결혼을 준비할 때부터 배운다면 개인적으로나 사회적으로 얼마나 좋을까. 이는 가트맨 박사님도 40여 년의 연구와 임상 끝에 도달한 결론이기도 합니다.

수많은 연구 결과에 따르면 관계의 질이 건강, 면역력, 수명을 좌우하는 결정적 요소라고 합니다. 행복한 결혼과 관계는 우울증, 불안증, 중독, 반사회적 행동을 크게 줄여주고 자살도 낮춰준다고 합니다. 또한 행복한 부부 관계는 자녀들의 학업 수행력, 또래 관계, 정서 지능을 높여준다는 사실도 밝혀졌습니다. 부부의 화목이 자녀의 행복을 좌우하고 그들의 인생관과 결혼관에 결정적인 영향을 미치는 것입니다. 그러니 부부의 화목은 사회적 국가적 차원에서도 우리에게 건강, 평화, 풍요로움을 선사합니다.

시작하는 커플뿐만 아니라 오랫동안 함께한 부부를 위한 책

가트맨 박사님은 멋진 러브스토리를 써나가려면 끊임없는 대화가 필요하다고 합니다. 대화의 주제도 중요하고, 대화하는 방식도 배워야 합니다. 마치 듣기 좋은 연주를 위해 악보를 보고 자주 연습을 하는 것과 다를 바 없습니다.

그렇다면 서로 맞는 짝인지, 상대방을 충분히 이해하고, 함께 있는 것이 즐겁고, 성장을 위한 꿈을 지지해 주는 관계를 위해 어떤 이야기를 나눠봐야 할까요? 이 책에서는 데이트에서 나눠야 할 대화 주제를 제시합니다. 이러한 핵심 주제들에 대해 원활하게 소통하지 못해서 절망, 불행, 파국으로 끝나는 부부들과 경청, 공감, 존중, 감사로 성장하는 부부들의 차이점도 알려줍니다. 그 차이점은 성격이나 갈등의 내용 때문이 아니라 소통 방식에 따른 것입니다. 효과적 방식을 배워서 실천하면 서로 다른 환경에서 자랐어도, 생활방식이 달라도, 나이가 들어도 지속적인 사랑을 할 수 있음을 알려줍니다.

이 책을 읽으면서 저희 부부의 만남부터 데이트할 때의 대화, 그리고 37년의 결혼생활을 되돌아보았습니다. 다행히도 결혼 전에 데이트할 때마다 이 책에서 다루는 여덟 가지 주제 대부분을 오랫동안 이야기했습니다. 그럼에도 불구하고 사는 동안 복병을 만나기도 하고, 뜻하지 않았던 오해도 하고, 상처를 주고받았던 적도 있습니다. 그러나 가트맨 박사님이 강조하듯이 대화에 늦은 때란 없습니다. 저희 부부 또한 최근에 이 책의 지침대로 데이트해 보기도 했습니다.

이 책은 결혼을 회의적으로 여기거나 두려워하는 사람들뿐 아니라 이미 행복한 부부들에게도 선물 같은 책입니다. 서로의 관계가 성장과 사랑의 진정한 원천이 될 수 있도록 도와주는 지식과 지혜로 가득 차 있습니다.

2021년 2월
최성애 | 국제공인 가트맨 부부치료사, HD행복연구소 소장

차 례

행복한 남녀관계의 열쇠는
대화에 있다

대화가 필요해

멋진 러브스토리를 써나가려면 끝없는 대화가 필요합니다. 처음 만나 서로를 알아가며 조심스레 던지는 질문부터 조마조마함 속에서 주고받는 신뢰와 헌신에 관한 대화 그리고 서로의 사랑, 고통, 꿈을 털어놓는 속마음 이야기에 이르기까지. 서로 묻고 답하며 적절한 대화를 주고받아야 합니다. 그래야 수년이 흘러도 여전히 서로를 알아가며 성장할 수 있습니다.

두 사람이 만나 함께 삶을 살다 보면 갈등을 피할 수 없게 마련입니다. 그럴 때는 파트너를 고치려 들지 말아야 합니다. 오히려 그럴수록 파트너에게 호기심을 가지려 애써야 합니다. 그래야 의견 차이가 나는 순간에 멀어지지 않고 서로에게 다가갈 수 있습니다.

당신이나 당신의 파트너가 말이 많든 과묵한 편이든 마찬가지입니다. 서로 주고받는 말뿐만 아니라 그 말에 뒤따르는 표정과 제스처가 두 사람의 관계를 좌우합니다. 진정한 러브스토리는 동화처럼 단순하지 않습니다. 취약성을 드러내야 하고 노력을 기울여야 합니다. 그러면 그에 대한 보답이 뒤따릅니다. 결혼식 날 밤보다 50주년 결혼기념일에 파트너를 더 사랑하게 됩니다. 영원한 사랑을 이어갈 수 있습니다.

결혼생활이나 오래 지속되는 관계의 성패는 동전 던지기만큼이나 불확실합니다. 미국에서는 결혼한 부부의 절반 이상이 이혼으로 종지부를 찍는다고 합니다. 포르투갈의 이혼율은 무려 70퍼센트에 이릅니다. 미국도 재혼 커플의 이혼율은 65퍼센트에 이르고, 삼혼 커플의 이혼율은 75퍼센트나 됩니다.

심각한 수준입니다. 이마저도 그만 끝내기로 합의를 본 비율에 불과합니다. 절망, 불만, 따분함을 묵묵히 견디며 그대로 살아가는 부부들도 있으니까요. 그렇다고 절망감에 두 손 다 들고 포기하기에는 아직 이릅니다. 분명 희망도 있습니다.

지금 결혼생활과 동반자 관계에 대한 기대감은 그 어느 때보다 높지만 난관들은 그 어느 때보다 만만찮을 것입니다. 그러나 관계의 성패는 동전 던지기가 아닙니다. 운이 아닌 선택입니다.

가트맨의 러브랩^{Love Lab}에서는 지난 40년에 걸쳐 사랑의 성공 비결을 연구해 왔습니다. 이제 드디어 커플들의 성공 가능성을 높여줄 만한 비결을 밝혀냈습니다. 시애틀에 있는 이 연구소에서 우리는 여러 커플들을 동시에 관찰했습니다. 그리고 자기보고검사(피험자가 다양한 상황에서 자신의 사고, 감정, 행동에 관하여 물어보는 질문에 대하여 보고하는 것으로써, 일반적으로 구조화된 지필검사로 수행됨―옮긴이)와 생리학적 반응 검사를 시행하여 자료를 수집했습니다. 이어 고도의 수학적 기법을 통해 자료들을 분석했습니다.

그렇게 수천 쌍의 커플을 관찰한 끝에 가장 큰 다툼의 원인들을 알아냈습니다. 관계의 달인들과 관계의 폭탄들을 가르는 차이가 무엇인지도 자신 있게 말할 수 있게 되었습니다. 또한 꼭 필요한 여덟 가지 대화로 독자 여러분을 이끌어 주어 앞으로 평생 행복하게 살며, 저마다의 러브스토리를 써나갈 최상의 기회를 열어줄 수 있게 되었습니다.

오랫동안 지속되는 관계의 성공은 사소한 말, 제스처, 행동을 통해 일구어집니다. 평생의 사랑은 함께하는 하루하루가 모여 이뤄집니다. 파트너를 알아가는 일은 같이 살 집으로 이사를 마치고 옷장을 같이 쓰는 순간이나, 결혼식 서약을 하는 순간을 끝으로 막을 내리는 게 아닙니다.

평생에 걸쳐 파트너의 내면세계에 호기심을 가져보세요. 동시에 자신의 내면세계를 털어놓을 용기를 내보세요. 서로에 대해 꼭 알아야 할 모든 면에 끊임없는 관심을 기울여주세요. 이것은 설레는 일이자 만만찮은 일입니다. 삶에서 가장 위대한 모험이 될 수도 있습니다.

경험해 본 사람의 말이니 한번 믿어보세요. 우리는 결혼한 지 꽤 오래되었습니다. 존과 줄리 부부는 어느덧 30년이 넘었고 더글러스와 레이철 부부는 25년이 넘었으니까요. 그런데도 여전히 서로의 새로운 모습을 발견하고 서로를 보고 놀라면서 사랑을 키워가고 있습니다.

그렇다고 해서 우리 두 부부의 관계가 완벽하다는 얘기는 아닙니다. 우리도 때때로 싸웁니다. 때때로 퉁명스럽거나 무심하게 굴기도 합니다. 사랑을 위해 치러야 하는 값은 완벽함이 아닌 연습입니다. 사랑을 표현하는 방법과 파트너에게 사랑받는 방법을 연습하는 것입니다. 사랑은 감정보다 행동이 중요합니다. 관심을 기울여 조율을 해줘야 합니다.

오래 지속되면서 점점 발전하는 사랑을 일구기 위한 비책은 간단합니다. 오로지 서로에게만 헌신할 시간을 우선순위에 두세요. 동시에 파트너에 대한 호기심을 절대 멈추지 마세요. 전날 밤에 같이 잠자리에 들었다는 이유만으로 그 사람이 현재 어떤 사람인지 잘 알고 있다는 식으로 단정 짓지 마세요. 다시 말해, 끊임없이 파트너를 궁금해하며 물어보세요. 단, 이때는 질문이 적절해야 합니다.

여기에서 말하는 질문은 "배고프니?"처럼 "예" 또는 "아니오"로 답하게 하는 질문이 아닙니다. 한두 마디의 단답형 대답이 나오지 않도록 유도하는 '열린' 질문입니다. 그래야 친밀한 대화가 형성되어 파트너가 생각과 마음을 있는 그대로 털어놓게 됩니다.

그런 대화를 나누다 보면 파트너의 신념, 행동에 얽힌 근원을 이해할 수 있게 됩니다. 열린 질문을 하며 대화를 이어가다 보면 사랑에 빠지기도 하고, 오래오래 헌신하기로 마음도 먹게 됩니다. 또 삶을 함께하기로 선택한 사람과의 사랑이 지켜지기도 합니다.

앞으로 이 책에서 알려주는 대화의 요령을 따라 해보며 서로서로 친밀감을 쌓아보세요. 서로를 의식하고 (서로의 공통점과 차이점을) 깊이 있고 의미 있게 이해해 보세요. 이런 대화를 통해 관계의 폭탄이 아닌 관계의 달인으로 거듭나 보세요.

우리는 이 대화를 관계에서 가장 중요한 여덟 가지의 주제로 나누어 구성했습니다. 각 주제를 여덟 번의 데이트로 나누어 데이트마다 연습

할 수 있도록 했습니다. 또 열린 질문의 예시를 수록해 연습과 실전 때 참고하도록 했습니다.

이 데이트들은 하나의 틀입니다. 바라건대 여덟 번의 데이트를 모두 다 해보는 데 그치지 말고 평생토록 데이트를 이어가 보세요. 그냥 거실에서의 데이트라도 좋으니 95세가 되어서도 데이트를 꾸준히 이어가길 바랍니다. 부디 파트너와 함께 서로의 관계에 대해서만 아니라 서로의 믿음과 두려움, 미래 희망과 꿈에 대해 알아보길 멈추지 마세요. 서로 끊임없이 이야기를 나누면서 배우고 성장하세요.

수십 년의 연구 결과가 보여주듯 훌륭한 관계는(관계의 달인들은) 존중, 공감, 서로에 대한 깊이 있는 이해를 바탕으로 삼습니다. 고집 세고 과묵한 사람들조차 대화 없이 관계를 이어가지 않습니다.

이 책은 당신과 파트너가 헌신적인 사이가 되기 전에, 헌신적인 사이가 된 이후에도, 헌신을 다시 다져야 할 때마다 나눠야 할 여덟 가지 주제의 대화 형식을 알려줍니다. 저마다의 러브스토리를 써나가게 도와줍니다.

이런 대화들을 가져볼 만한 시기는 아기를 가졌을 때일 수도 있고, 둘 중 한 사람이 실직을 하거나 건강에 문제가 생겼을 때일 수도 있습니다. 또는 관계가 시들해진 느낌이 들기 시작할 때일 수도 있습니다.

'이후로 평생 행복하게'는 난관이나 갈등이 전혀 생기지 않는다는 의미가 아닙니다. 관계를 이어가다 보면 갈등이 생기지 않을 수 없습니다. 당신이 나름 잘한다고 해도 갈등은 생깁니다. 세상살이에는 다양한 스트레스, 압박, 위기가 따르게 마련입니다. 두 사람이 함께 이런 문제를 어떻게 다루느냐에 따라 궁극적으로 사이가 좋아질 수도 틀어질 수도 있습니다(이 부분에 대해서는 갈등을 대화 주제로 삼은 데이트 편에서 더 살펴볼 것입니다).

'이후로 평생 행복하게' 살려면 파트너 모두 서로의 현재 자아상과 미래의 희망 자아상을 잘 알면서 소중히 여겨주고 인정해 주어야 합니다. 함께하는 해마다 언제나 파트너를 더 깊이 사랑할 수 있도록 힘써야 합니다.

너무 이르거나 너무 늦은 시기란 없다

우리가 이 책을 쓰게 된 이유는 오래오래 사랑하며 함께하는 관계를 일구는 비결을 아는 커플이 너무 적다는 안타까운 마음 때문이었습니다. 우리 네 사람은 과학, 심리학, 성생활 분야의 전문가들이 모여 결성되었던 '관계 교육 싱크탱크'의 일원으로 만났다가 친구가 되었습니다.

실제로 대다수 커플이 관계 교육을 제대로 받지 못하고 있습니다. 이대로는 안 되겠다 싶어 치료를 받으러 갔다가 종종 너무 늦게 소통의 방법을 배우게 되는 경우 또한 비일비재합니다.

원래 우리는 이 책의 독자층으로 이제 막 헌신적 관계에 들어선 커플을 염두에 두었습니다. 그런데 지원자들(실험 삼아 기꺼이 이 여덟 번의 데이트와 대화를 시도했던 커플들)에게 질문을 하던 중 의외의 사실을 알게 되었습니다. 관계의 단계를 막론하고 대부분의 지원자 커플들이 여덟 번의 데이트를 계속 이어서 해보고 싶어 했습니다.

헌신적인 사이가 될지 말지를 결정 중인 커플, 이제 막 함께 살게 된 커플, 얼마 전에 약혼한 커플, 갓 결혼한 커플 모두 데이트를 하고 싶어 했습니다. 뿐만 아니라 결혼한 지 수년이 되었는데 이미 좋은 관계를 더 깊이 있게 다지고 싶어 하거나 시들해진 관계에 활기를 더하고 싶어 하는 커플 역시 이 여덟 번의 데이트를 마음에 들어 했습니다.

직장생활, 자녀 등 위기가 서로의 거리를 벌려 놓을 수 있는 만큼 삶은 어떤 관계에든 영향을 미칩니다. 이 책에서 앞으로 지도해 줄 여덟 번의 데이트와 '잘 들어주기'의 배경 개념들을 파트너와 다시 가까워지게 되는 밑거름으로 삼아보세요.

당신이 새로운 관계를 시작했고 지금 사귀는 중인 이 사람이 '운명의 상대'인지 알고 싶어 하는 단계라면 훗날 당신의 궁극적 행복이나 불행을 결정할 만한 문제들에 대해 지금 시간을 내서 얘기해 보길 권합니다. 그래서 덕분에 두 사람이 서로 맞지 않는다는 판단에 이르게 된다면 수년간 마음 아파할 일이 덜어질 것입니다.

아니면 이 데이트 덕분에 서로의 차이를 이해하면서 앞으로 '걸핏하면 불거지는 문제로' 빚어질 갈등을 미리 예방할 수도 있습니다. 또 오래된 관계의 경우에는 이 데이트가 관계를 탄탄히 다지고 갈등을 줄여 줄 대화를 하는 데 도움이 될 것입니다. 심지어 서로를 다시 알아가면서 밤새도록 이야기꽃을 피울 수 있습니다. 서로를 더 알고 싶어 안달하던 그 시절로 되돌아갈 수도 있습니다.

최근 유타 대학교 심리학과 서맨사 조엘Samantha Joel 교수는 자존감, 목표, 가치관, 외로움, 파트너에게 바라는 점 등 100개 이상의 변수를 측정하는 연구를 실시했습니다. 그 결과 그 어떤 변수도 짧은 데이트 후에 느끼게 될 감정을 가늠해 주는 예측변수가 되지 못했습니다.

이는 그리 새로울 것도 없는 사실입니다. 알고 보면 모든 짝 찾아주기 알고리즘은 거의 쓸모가 없습니다. 그 이유는 독일 진화생물학자 클라우스 베데킨트Claus Wedekind가 진행한 '티셔츠 연구'라는 실험을 보면 알 수 있습니다.

이 실험에 참가한 여성들은 여러 남성이 이틀 동안 입었던 티셔츠 여러 벌의 냄새를 맡아보고 가장 좋은 냄새가 난다고 생각하는 티셔츠를 골랐습니다. 베데킨트가 그 결과를 분석해 보니 여성들은 MHC(주조직 적합성 복합체, 개체를 구별하는 독특한 생화학적 지표가 되는 세포 표면 분자 그룹―옮긴이)라는 면역 체계 작용으로 자신과 유전적으로 가장 차이 나는 남자의 티셔츠를 선호했습니다. 이로써 우리가 자신의 복제품 같은 대상을 찾는 것이 아님이 분명해진 셈입니다. 사실 우리는 자신과 아주 다른 다양한 유형의 사람에게 끌립니다.

2006년에 뉴멕시코 대학교에서 48쌍의 커플을 대상으로 진행한 실험 결과를 보면 서로 유전적으로 차이 나는 커플의 여성들은 성적 만족도가 높은 편이었습니다. 그러나 비슷한 유전자 커플의 여성들은 다른 남자들에 대한 환상이 상대적으로 컸고 바람피울 가능성도 높았습니다. 따라서 여러 데이트 웹사이트의 알고리즘은 두 명의 낯선 타인을 그냥 무작위로 짝지어 주는 것보다도 별로 나을 게 없습니다.

그렇다면 대안은 없을까요? 우리가 밝혀낸 바에 따르면 대안은 있습니다. 교제하는 두 사람의 관계가 잘될 운명일지, 아니면 끊임없는 불행의 씨앗이 될지 예측할 실질적 변수를 발견했습니다. 덕분에 이제는 잠재적 파트너와 나눠볼 여덟 가지의 대화 지침을 알려줄 수 있게 되었습니다.

이런 대화에 대한 당신의 감정을 바탕으로 그 관계가 충족감을 안겨

줄지 아닐지에 대해서도 알려줄 수 있게 되었습니다. 당신이 그 사람과 헌신적인 사이라면 그 사랑을 지속시키기 위해 두 사람이 해야 할 활동에 대해서도요.

이런 점들을 밝혀내기 위해 우리는 늘 해왔던 대로 자료 수집부터 시작했습니다. 자료 수집에 자발적으로 응해준 여러 커플들은 지극히 사적인 자신들의 대화를 안전한 보안 사이트에 올려주었습니다.

이 책에 개인적인 이야기와 대화가 실린 커플들의 사생활 보호를 위해 구체적인 세부 내용을 변경하고 익명을 썼음을 미리 밝혀둡니다. 사례로 실린 대화들이 용기 내서 취약성을 드러낸 것인 만큼 지극히 사적인 대화를 기록하고 공유하는 데 합의해 준 커플들에게 감사할 따름입니다.

참가 커플들의 연령대는 21세부터 67세에 이르기까지 다양했습니다. 그중 25퍼센트는 사귀는 중이었고, 11퍼센트는 헌신적 관계이긴 하되 결혼 계획은 없었습니다. 32퍼센트는 약혼 중이거나 결혼을 계획 중이었고, 32퍼센트는 결혼한 사이였습니다. 우리는 이성애 커플과 동성애 커플 들이 데이트 중에 나눈 수백 시간 분량의 대화를 취합하였습니다. 그 후 웨비나(인터넷상의 세미나)에서 이들 중 많은 커플들과 그 데이트들에 대한 토론을 했습니다.

우리는 누구나 건강하고 행복하며, 친밀하고 열렬한 관계를 맺고 싶어 합니다. 그런 바람이 우리를 개개인으로서, 커플로서, 궁극적으로는 가족으로서도 잘살게 해줍니다. 우리는 좋을 때나 좋지 않을 때나 파트너십과 협력을 원합니다(말하자면 이 상대가 앞으로 살면서 무슨 일이 닥쳐도 곁에 있어 줄 사람일지를 확신하고 싶어 합니다).

이와 관련된 대화를 나누는 시기에는 너무 이른 때도 없고, 너무 늦은 때도 없습니다. 또 이런 식의 대화를 나누면 서로에 대한 이해가 깊어지고 두 사람의 관계에 더 깊은 역사와 문화가 생깁니다.

우리가 앞으로 안내해 줄 대화들은 마냥 쉽지만은 않을 겁니다. 변함없는 사랑을 이어가려면 더러 거북하기도 한 취약성의 노출을 어느 정도 감수해야 합니다. 어떤 사람들은 섹스와 친밀한 신체 접촉에 대해 얘기하는 데 애를 먹기도 합니다. 또다른 사람들은 성장과 영성을 대화 소재로 삼는 것을 쩔쩔맵니다. 그런가 하면 돈 문제의 얘기를 어려워하는 사람들도 있습니다.

그런 탓에 이런저런 걱정들을 하게 됩니다. 얘기하다 싸우게 되면 어쩌지? 서로의 관점이 이해되지 않으면? 서로의 차이에 회의감이 들면? 이젠 이런 걱정은 접어두세요. 열린 질문을 통해 서로의 대답에 진심으로 귀 기울여 들어주는 방법을 가르쳐줄 테니까요. 창의적이면서도 싸움을 부추길 일 없는 대화의 방법도 확실히 알려드리겠습니다.

이제 막 헌신적인 사이가 된 커플에게 당부하고 싶은 말이 있습니다. 어떤 관계에서든 갈등은 생기게 마련입니다. 지금 당장의 갈등을 피하면 필히 나중에 더 심한 갈등이 생기게 됩니다. 관계 초반은 서로에게 푹 빠져 들떠 있기만 할 때가 아닙니다. 신뢰를 쌓고 공유할 미래를 세우기도 해야 하는 시기입니다.

서로 다른 삶과 유년기와 가족 내력을 거쳐 온 두 사람 사이의 차이를 헤쳐 나가다 보면 필연적으로 충돌이 일어나게 마련입니다. 잘 들어주면서 서로에게 배우고, 터놓고 마음의 문을 열어주세요. 마음과 생각의 문을 열어놓으면 데이트도 함께하는 삶도 훨씬 좋아지게 됩니다.

우리 네 사람은 오랜 결혼생활을 이어온 커플입니다. 그래서 다루기 어려운 문제에 직면하거나 서로를 이해하지 못하거나 심지어 결혼생활에 의문이 들 때의 기분이 어떤지 잘 알고 있습니다. 그럴 때 드는 기분은 모두 정상입니다. 용기 내서 그런 기분을 대화로 나눠 보세요. 그러면 강하고 끈끈한 결혼생활이나 관계로 들어서게 됩니다.

차이는 당연한 것입니다. 서로의 차이를 이해하고 받아들일 수 있다면 이는 궁극적으로 관계를 더욱 풍요롭게 해줍니다. 서로의 차이점을 놓고 대화를 나눌 때는 대다수 커플이 비슷하기보다는 다르다는 사실을 명심하세요.

차이는 문제가 아닙니다. 중요한 점은 이상적인 짝이나 당신의 반쪽이나 분신을 찾는 것이 아닙니다. 당신의 파트너는 늘 당신과 똑같은 생각을 하는 게 아닙니다. 바로 그것이 삶을 흥미롭게 만드는 요소입니다. 생각해 보세요. 당신 자신과 결혼한다면 얼마나 지루할까요? 사실 그런 결혼은 독신생활이나 다름없습니다.

물론 대다수 커플이 중요한 가치에서 서로 공감하지만 필연적으로 다른 부분도 있습니다. 이런 차이는 처음에는 서로에게 끌리는 매력 요소이지만 나중에는 이런 차이를 바꾸려 시도하다 관계가 어려워지기도 합니다. 서로의 다른 방식을 이해하고 받아들일 줄 알게 되는 것이야말로 오래 가는 관계와 변치 않는 사랑을 일구는 열쇠입니다.

관계와 결혼생활이 선사해 주는 최고의 선물 한 가지는 다른 사람의 눈으로 세상을 볼 줄 알게 되는 능력입니다. 그것도 친밀하게, 깊이 있게, 심오하게, 그리고 나 아닌 타인과 그러는 것이 가능하리라고 생각하기 힘들 만한 방식으로 세상을 볼 줄 알게 됩니다. 파트너를 신비로운 미스터리로 바라보며 호기심을 갖고 다가가면 서로의 관계와 삶은 헤아릴 수 없을 만큼 풍요로워집니다.

사랑의 과학

약 45년 전에 존은 동료인 로버트 레벤슨$^{Robert\ Levenson}$과 함께 인디애나 대학교에 작은 연구소를 차렸습니다(이 연구소는 이후 일리노이 대학교, 워싱턴 대학교, UC 버클리를 거쳐 지금은 시애틀에 가트맨 연구소로 자리 잡게 되었습니다). 워싱턴 대학교에 차린 존의 연구소는 겉보기에는 작은 원룸처럼 보였습니다. 하지만 실제로는 결혼과 이혼에 얽힌 진실을 밝히기 위한 혁신적인 연구 시설이었습니다.

존이 이 연구를 하는 동안 품었던 기본적인 의문은 두 가지였습니다. 어떤 사람들이 이혼하고 어떤 사람들이 결혼생활을 오래 이어갈지 예측할 만한 요소는 없을까? 관계를 아주 원만하게 지속시켜 주는 실질적인 요소는 무엇일까?

130쌍의 신혼 커플이 이 연구소에 들어와 실험에 참여했습니다. 그들이 머문 원룸은 나중에 '러브랩'이란 이름이 붙었습니다. 커플들은 집에서 하듯 똑같이 식사하고 TV 보고 이야기하고 음악을 듣고 책을 읽고 청소를 하며 생활했습니다.

철저히 일상적인 환경에서 생활하는 모습을 24시간 내내 관찰했습니다. 모든 동작을 추적할 수 있도록 원룸 벽에 설치한 카메라 세 대를 통해서였습니다. 참가한 커플들이 착용한 모니터 장치로 심전도 반응을 추적했습니다. 화장실에 갈 때마다 그들의 소변 시료를 채취해 스트레스 호르몬의 양도 확인했습니다.

존의 연구진은 각 커플의 보디랭귀지도 관찰했습니다. 활력 징후(사람이 살아 있음을 보여주는 호흡, 체온, 심장 박동 등의 측정치—옮긴이)를 모니터하는 한편 (0.01초 단위로) 매 순간의 얼굴 표정을 기호화했습니다. 커플이 러브랩에서 밤을 보내고 난 후의 아침에는 호르몬 기능과 면역 기능을 확인하기 위해 그 커플의 혈액을 채취했습니다.

또다른 주요 연구로 2시간 동안의 생애구술 인터뷰를 진행한 적도 있습니다. 그때 참가한 커플들에게 서로의 관계에 대해 말해 달라고 요청했습니다. 존은 커플들에게 처음 어떻게 만났고, 서로에 대한 첫인상이 어땠는지부터 물었습니다. 이어서 데이트와 관련해서 기억나는 순간, 관계가 진전된 과정, 사귀기 시작한 초반에 함께 즐겼던 활동에 대해서 이야기했습니다. 뿐만 아니라 수년 동안 겪어온 관계의 변화와 고비들에 대해서도요.

- 지난 몇 년을 되돌아볼 때 서로의 관계에서 유난히 힘들었던 순간은 언제였나요?
- 그때 헤어지지 않고 계속 함께하는 데 도움이 되었던 게 무엇이었나요?
- 그런 힘든 시기를 어떻게 극복했나요?
- 힘든 시기를 극복해 낸 비법이 뭐라고 생각하세요?

존은 커플들에게 처음 만났을 때랑 지금이랑 관계가 어떻게 달라졌는지 이야기해 달라고 했습니다. 그리고 두 사람이 함께하기로 선택한 이유에 대해서도 질문했습니다.

- 세상의 많은 사람 중에 이 사람을 당신이 결혼하고 싶은 (혹은 헌신하고 싶은) 바로 그 사람이라고 결정하게 된 계기는 무엇인가요?
- 그런 결정을 내리는 게 쉬웠나요, 어려웠나요?
- 사랑에 빠질 때의 느낌은 어땠나요?

존은 결혼기념일이나 언약식 기념일, 신혼여행, 사귄 지 1년째 되는 날, 기억에 남을 만큼 정말로 좋았던 순간들에 대해서나 함께 재미있는 시간을 보내는 것의 의미에 대해서도 물어봤습니다.

커플들이 관계에 대해 어떤 신념을 갖고 있는지도 살펴봤습니다. 좋은 관계를 맺는 커플과 그다지 관계가 좋지 못한 커플을 생각해 볼 때 두 커플의 차이가 무엇이라고 생각하는지 물었습니다. 그러면서 다음과 같은 질문을 던졌습니다.

- 다른 커플과 비교했을 때 당신의 관계는 어떤 것 같나요?
- 부모님의 관계와 당신의 관계를 비교했을 때 공통점과 차이점이 있다면요?

이어 참가 커플들이 겪어온 관계에서 중요한 전환점과 기복에 관련한 질문을 하였습니다. 마지막으로 현재 파트너의 걱정거리, 스트레스, 희망, 꿈, 열망에 대해 얼마나 많이 알고 있는지를 물었습니다.

- 하루에 얼마나 자주 연락을 주고받나요?
- 서로 정서적 교감을 느끼는 빈도가 얼마나 되나요?

한편 생애구술 인터뷰를 진행하는 동시에 연구진은 각 참가자의 어조, 사용 단어, 몸짓, 긍정적·부정적 감정을 모니터했습니다. 또 존은 연구의 막바지 때 각 커플들에게 현재 두 사람의 관계에서 겪고 있는 갈등을 놓고 서로 얘길 나눠보게 한 후 그냥 지켜보기도 했습니다.

이러한 연구 결과를 토대로 우리는 어떤 사람들이 결혼생활을 지속하고 어떤 사람들이 이혼할지를 94퍼센트의 정확도로 판가름할 지표를 찾아냈습니다(이 연구 결과가 발표된 이후 존과 줄리는 저녁 식사에 초대받는 횟수가 확 줄었습니다).

결혼생활을 지속했던 커플들 중에서 어떤 커플이 행복한 결혼생활을 이어가고 어떤 커플이 불행한 결혼생활을 이어갈지도 예측하게 되었습니다. 존과 로버트는 이 커플들을 비롯해 러브랩의 연구에 참여한 또다른 커플 수백 쌍을 10년 동안 추적 조사했습니다. 그리하여 총 3,000쌍이 넘는 관계를 관찰하고 기록하면서 관련 지식을 축적했습니다.

긍정적이거나 부정적이거나

존은 러브랩에서 수집한 자료를 10년에 걸쳐 분석한 끝에 결혼생활의 성패를 가늠할 만한 하나의 변수를 발견했습니다. '해당 커플이 인터뷰 중에 긍정적이었는가, 부정적이었는가?'

이 변수에서는 애매한 경우가 거의 없었습니다. 함께 있으면서 좋았던 시간을 중요시하고 안 좋았던 시간을 대수롭지 않게 넘기거나 함께 있으면서 안 좋았던 시간을 중요시하고 좋았던 시간을 대수롭지 않게 넘기거나 둘 중 하나였습니다. 파트너의 긍정적인 면을 중요시하고 상대적으로 짜증나는 성격을 대수롭지 않게 넘기거나 파트너의 부정적인 면을 중요시하고 상대적으로 긍정적인 성격을 대수롭지 않게 넘기거나 둘 중 하나였습니다.

우리가 알아낸 바에 따르면 행복한 결혼생활을 할 가능성이 가장 높은 커플은 서로의 관계에 대해 이야기할 때 다음과 같은 특징과 특성을 보여주었습니다.

애정, 애착, 칭찬 : 언어적이든 비언어적이든 긍정적인 감정(정감, 유머, 애착)을 나타내고 좋았던 시간을 중요시하며 파트너를 칭찬합니다.

개별의식과 대비되는 우리의식(We-ness) : 서로의 원만한 의사소통 능력, 서로의 단결과 결속성을 강조합니다. '내가' '나를' '나의' 같은 단어보다 '우리가' '우리를' '우리의'를 즐겨 씁니다. 두 사람에 대해 개별적 존재로 나누어 이야기하지 않습니다.

기피성과 대비되는 개방성 : 두 사람의 지난 추억을 잘 떠올리지 못해 두루뭉술하거나 대략적으로 이야기하기보다 생생하고 또렷하게 떠올리며 얘기합니다. 과거를 떠올리는 데 열의가 떨어지고 시큰둥해하지 않고 서로의 관계에 대해 긍정적이고 활기차게 얘기합니다. 두 사람 사이의 내밀한 사정을 내비치지 않거나 조심스러워하지 않고 털어놓고 얘기합니다.

투쟁의 승화 : 사람들은 관계 속에서 삶 전반을 함께 형성해 나가며 가치관, 목표, 의미를 채워 갑니다. '투쟁을 승화'하는 커플들은 힘들었던 시기의 절망감을 드러내기보다 힘든 시기를 견뎌냈다는 자부심을 드러냅니다. 파트너와 정말로 함께해야 할지 의혹을 품기보다 서로의 관계에 헌신하는 점을 중요시합니다.

서로의 관계를 부끄러워하기보다 자랑스러워합니다. 공통된 가치관, 목표, 인생철학을 얘기합니다. 심지어 함께 세월을 헤쳐 나가는 방식에서도 의도적으로 공통의 의미와 목표의식을 세웁니다. 뿐만 아니라 정서적 유대를 위해 의도적으로 서로의 관계에 전통을 만듭니다. 이런 전통 만들기를 우리는 '유대 의식(儀式)'이라고 이름 붙였는데 데이트가 바로 하나의 유대 의식입니다.

어떤 커플이 인터뷰 초반에 (빈정거림이나 비꼬기, 또는 눈동자 굴림 등을 내보이며) 말로나 얼굴 표정으로나 제스처로나 서로에 대해 부정적으로 표현하면 그것은 부정적 스위치가 켜졌다는 신호입니다. 관계가 서서히 악화될 것이 거의 확실해지는 신호이지요. 그 커플이 서로의 관계에 실망해 기대했던 것과 다른 결혼생활에 환멸을 느끼거나 서로의 관계에 대해 낙담하고 절망해 괴로워할 경우에는 이혼할 가능성이 높아집니다.

어떤 관계에서든 안 좋은 일과 후회스러운 일은 일어나게 마련입니다. 긍정적 스위치를 켜려면 부정적인 사건들과 파트너의 성격을 긍정적으로 해석할 수 있어야 합니다. 한편 머릿속으로 날마다 (서로의 관계에서의) 긍정성을 최대화하고 부정성을 최소화할 줄 알아야 합니다.

전반적으로 부정적 인식이 자리 잡게 될 경우 그 관계는 순식간에 무너져 내립니다. 성공적인 결혼생활과 관계는 예외 없이 친밀하고 깊은 우애로 맺어진 동반자 관계를 이룹니다. 서로를 진정으로 알아주면서 본질적으로 한편이자 같은 팀인 관계를 맺습니다. 이 책에서 대화를 중요하게 여기는 이유가 바로 여기에 있습니다. 대화를 할 때는 단어의 선택과 어조가 중요합니다. 심지어 얼굴 표정도 중요합니다.

물론 누구나 때때로 실수를 합니다. 또한 의사를 잘못 전달하는 실수를 하기도 합니다. 그럴 때는 오해를 바로잡아야 합니다. 관계에서 의사소통의 착오가 전혀 없길 기대한다면 그것은 골프공을 칠 때마다 홀인원을 기대하는 것과 같습니다.

행복한 관계는 절대로 싸우지 않는 관계가 아닙니다. 후회스러운 일이 생기고 나면 바로잡을 줄 아는 관계입니다. 날마다 유대를 갖는 관계입니다. 행복한 커플과 불행한 커플의 사이에는 대단한 차이가 있는 게 아닙니다. 단지 서로의 관계를 더 수월하고 더 빠르게 회복해 함께하는 즐거움을 되찾는 능력의 차이일 뿐입니다.

결국 관계의 성패는 주고받는 대화에 따라 크게 좌우됩니다. 우리는 이 책의 집필을 준비하면서 300쌍 이상의 커플에게 데이트를 해보게했습니다. 커플들은 데이트를 수행하며 서로의 대화를 기록하고 자신들의 이야기를 공유해 주었습니다.

그 결과 갓 사귄 커플, 독신주의 커플, 동성 커플, 결혼한 지 오래된 커플 모두가 데이트를 통해 대화를 나누며 더 가까워지고 서로를 새롭고도 흥미롭게 바라보게 되었습니다. 더 좋은 친구가 되면서 다시 사랑에 빠졌습니다. 당신도 그렇게 될 수 있습니다.

더 행복한 삶을 위한 보다 큰 그림

다른 어떤 요소들보다 신체 건강, 질병 저항력, 장수를 좌우하는 결정적인 요소가 있습니다. 바로 친밀한 관계의 질입니다. 친밀한 사이의 관계가 만족스러울 경우 파트너 모두 정신 건강의 여러 측면이 증진되기도 합니다. 행복한 결혼생활이나 오래 가는 관계는 우울증, 불안장애, 중독, 반사회적 행동을 크게 줄여주고 자살률을 낮출 수도 있습니다.

게다가 다수의 연구를 통해 입증되었듯 불행한 관계가 지속될 경우 아이들의 인지와 정서 건강을 해칠 수 있습니다. 반면 행복한 관계는 아이들의 학업 수행력, 교우 관계, 감성지능을 키워주는 경향이 있습니다. 당신의 관계가 두 사람의 삶과 자녀들의 삶, 두 사람이 속한 공동체에도 두루두루 중요하다는 얘깁니다.

존과 줄리는 지금까지 수십 년 동안 과학적인 임상 연구를 수행하며 커플 상담치료를 했습니다. 또한 무작위 임상 시험도 했습니다. 두 사람은 그동안 관찰해 왔던 커플의 교류 패턴이 그 커플 관계의 결과와 밀접히 관련되어 있다는 것을 입증했습니다. 뿐만 아니라 그 결과를 유발하기도 한다는 사실을 알아냈습니다. 그리고 지금도 여전히 이 연구를 진행하고 있습니다.

의학 박사인 레이철은 커플 상담을 통해 관계의 질이 건강에 직접적 영향을 미친다는 사실을, 그것도 상당한 영향을 미친다는 사실을 목격하고 있습니다. 더글러스는 레이철을 비롯한 통찰력 있는 여러 저자들과 함께 성생활을 주제로 다룬 책을 여러 권 펴냈습니다.

동료이자 친구인 우리 네 사람은 평생토록 지속되는 사랑을 일군다는 개념에 한마음 한뜻으로 깊이 헌신하고 있습니다. 부디 이런 평생의 사랑이 우리 자신의 삶이 되고 여러분의 삶이 되길 희망합니다.

어떻게 보면 단지 관계를 지속시키는 것만 해도 성공한 것이라고 여길 수도 있습니다. 실제로 30년이 넘도록 결혼생활을 아슬아슬하게 이어온 부부의 사례는 셀 수 없이 많습니다.

하지만 우리 네 사람의 초점은 몇십 년이 지나도록 서로의 관계가 기쁨, 성장, 사랑의 진정한 원천이 되게 해줄 방법을 찾는 데 맞추어져 있습니다. 그래서 그 방법을 찾기 위해 거의 반세기에 걸쳐 쌓은 개인적·전문적 지식에 더해 평생의 사랑을 일구기 위해 꼭 필요한 대화에 대해서 힘겹게 얻은 지혜까지 끌어모았습니다.

헌신적 관계를 맺는 일은 중요한 문제입니다. 우리는 누구나 사랑하고 사랑받길 원합니다. 누구나 관계 속에서 성장하길 바랍니다. 관계가 선사해 주는 모든 것을 누리려면 안전지대를 벗어나야 합니다.

기꺼이 당신의 진정한 모습을 솔직하게 보여주고, 파트너의 있는 그대로의 모습에 마음을 연다면 두 사람의 관계는 더 탄탄해질 것입니다. 서로에 대한 이해가 더 깊어집니다. 두 사람이 함께하는 삶이 더 행복해집니다.

정기적인 밤 데이트

사실, 사소하고 긍정적인 행동들을 자주 행하는 것이야말로 관계에 진정한 변화를 일으키는 비결입니다. 파트너에게 고마운 마음과 애착을 자주 표현하기, 날마다 하루를 마무리하며 이야기 나누기, 만나고 헤어질 때의 입맞춤, 이 모두가 행복하고 건강한 관계를 다져주는 요소입니다.

이런 작고 사소한 순간들이 매일매일 쌓여서 두 사람의 관계에 밑바탕이 되어줍니다. 꼭 이런 순간들을 가져보세요. 하지만 일주일에 한 번씩 시간을 내서 정기적인 밤 데이트를 (안 되면 낮 데이트나 아침 데이트라도) 해보기를 권합니다.

앞으로 당신의 관계를 탄탄히 다져줄 여덟 번의 데이트 지침을 알려줄 것입니다. 그렇지만 정기적인 밤 데이트는 평생의 사랑과 유대를 일구는 과정에서 영구적으로 꾸준히 시행해야 합니다. 일주일에 한 번씩 이런 특별 데이트를 하면서 서로의 관계에서 그 일을 우선순위로 챙겨보세요.

시간이 빡빡한 수많은 커플들의 경우, 특히 아이가 생기고 난 이후일수록 밤 데이트는 되는대로 띄엄띄엄 하게 되기 십상입니다. 육아와 업무를 병행하며 해도 끝이 없는 '해야 할 일들'에서 한숨 돌릴 짬이 날때만 겨우 하게 됩니다.

하지만 밤 데이트는 기회와 돈과 빨랫거리가 모두 신통하게 들어맞을 때만 되는대로 하는 일이 되어서는 안 됩니다. 일정 계획표에 넣어야 하는 일입니다. 우선순위로 챙겨야 합니다. 관계와 결혼생활에서 재미, 놀이, 서로 간의 유대는 '해야 할 일' 목록의 마지막 항목이 되는 경우가 많습니다. 그런데 그것은 불만과 거리감을 키우는 확실한 방법입니다.

정기적인 밤 데이트가 관계를 만든다는 것, 그것은 부인할 수 없는 진실입니다.

특별히 시간을 내세요

레이철과 더글러스는 31년 전에 첫 데이트를 했던 날 이후로 매주 밤 데이트를 이어왔습니다. 그 첫 번째 데이트는 대학 기말고사 기간이었습니다. 두 사람은 서로를 우선순위에 둘 방법을 찾아야 한다는 것을 단박에 알았습니다. 그런 깨달음 덕분에 일생일대의 관계를 맺게 되었습니다.

다음은 더글러스의 말입니다.

"저희는 사귀기 시작하면서 바로 약속했어요. 매일 밤마다 해야 할 일을 마쳤든 못 마쳤든 자정에 만나기로요. 그 주에 저는 20쪽 분량의 리포트를 다섯 개나 써야 했고 레이철은 아주 중요한 의예과 기말고사를 앞두고 공부하고 있었죠. 하지만 둘 다 밤마다 시계가 자정을 가리키기 전에 할 일을 마쳤어요. 그러다 보니 그 어느 때보다 공부를 더 빠르게 하게 되더군요. 공부하면서 그렇게 만족감을 느끼며 미소가 지어졌던 적은 처음이었어요. 함께하는 것을, 서로의 관계를 우선하기로 약속한 덕분이었죠. 심지어 레이철이 레지던트 근무를 하면서 일주일에 110시간을 일할 때도, 우리 사이에 쌍둥이가 막 태어났을 때도, 제가 일을 두 개나 병행하며 출퇴근 시간만 하루에 5시간씩이었을 때도 여전히 밤 데이트할 시간을 냈어요. 그 밤 데이트가 없었다면 우리 두 사람이 여기까지 오기 힘들었을 거예요."

레이철도 여기에 동감합니다.

"정기적인 밤 데이트가 없었다면 헤어졌을지도 몰라요. 그때 전 이 사람과 결혼해서 오래 함께 살고 싶어 하는 제 마음을 알았어요. 더글러스도 그랬고요. 그런데 어쩐지 밤 데이트가 그 열쇠일 거라는 감이

들었어요. 대학 시절에 했던 그 약속을 지금까지도 여전히 지키고 있어요. 여전히 저희는 서로의 관계에 마음을 쓰고 있어요. 가끔은 밤 데이트로 계획했다가 낮 데이트나 아침 데이트를 갖게 될 때도 있지만 밤 데이트를 늘 서로에게 집중하기 위한 특별한 시간으로 삼았어요. 그러기가 쉬운 건 아니지만 저희는 매번 방법을 찾아요. 밤 데이트가 여러 번 저희를 지켜주었죠."

정의하자면, 데이트란 두 사람이 직장 생활과 가사 활동에서 손을 뗄 시간을 미리 계획해 두고 그 시간 동안 서로에게 집중하면서 진심으로 이야기 나누고 잘 들어주는 것입니다.

두 사람이 같이 소파에 앉아 TV를 보거나 영화관에 가거나 친구들과 어울려 댄스 파티를 즐기는 식은 진정한 데이트가 아닙니다. 두 사람의 유대를 위해 특별히 시간을 내야만 진정한 데이트입니다. 그 시간을 신성한 시간으로 여기세요. 전자 기기는 집에 놔두고 나가거나 전원을 꺼두었다가 데이트가 끝난 이후에 확인하세요.

그리고 앞으로 소개할 여덟 번의 데이트를 할 때마다 첫 데이트처럼 생각하세요. 미리 데이트 계획을 짜놓으세요. 데이트할 순간을 고대해 보세요. 설레는 마음을 가져보세요. 영화를 보러 가거나 친구들과 만나도 괜찮지만 밤 데이트의 메인 이벤트는 함께하면서 다시 유대를 잇고 사랑에 빠지는 것입니다. 그래서 두 사람의 사이가 한집에 살거나 아이들을 같이 키우는 것 이상의 관계임을 떠올리는 시간이 되어야 합니다. 두 사람이 무엇보다도 친구이자 연인이라는 사실을 떠올려 보세요.

일 얘기는 잠시 접어두기

존과 줄리는 매일 함께 일하다 보니 진지한 대화와 토론을 나누며 긴밀히 협력할 때가 많습니다. 그래서 데이트할 때 일 얘기를 뒤로 미뤄두려 각별히 애쓰고 있습니다.

다음은 줄리의 말입니다.

"함께 일할 경우엔 자칫 방심하다간 데이트 중에 적정선을 넘기 쉬워요. 데이트를 나갔다가 일 얘기를 꺼내고 싶어 마음이 흔들리기도 하고요. 저희 부부는 글도 함께 쓰고 워크숍 기획도 같이 하고 부부들의 중재치료 방법도 같이 논의해요. 각자의 관점을 놓고 뜨거운 논의를 주고받기도 해요. 그래서 일 문제와 개인적 문제를 구별하기 위해 아주 의식해야 하죠."

존과 줄리가 즐겨하는 데이트는 근처의 카페 방문입니다. 두 사람은 그 카페에 갈 때마다 똑같은 메뉴를 주문합니다. 서빙 직원들이 두 사람의 이름만이 아니라 베이크드 에그, 바게트, 잼을 자주 주문한다는 것까지 꿰고 있을 정도죠. 이렇게 똑같은 메뉴를 주문하는 식의 익숙한 의식을 통해 두 사람은 일 얘기는 꺼내지 말자는 의식적 합의를 합니다.

이번엔 존의 말입니다.

"저희에게 그 시간은 개인적인 자리에서 열린 질문을 주고받으며 업무에서 벗어나는 시간입니다. 탁자 위에서 손을 마주 잡기도 하고 장난스럽게 추근대기도 하고 소리 내어 웃기도 해요."

두 사람에게 이 카페 방문을 데이트로 만들어주는 요소는 서로의 마음을 오가는 이런 특별한 순간입니다.

"저희는 일과 관련된 논의는 카페 방문 이후로 보류해 둡니다. 그런

데 일을 함께 하든 따로 하든 데이트 중에 그런 일 얘기를 뒤로 미뤄놓고 관계에 집중하려면 연습이 필요할 수도 있어요. 하지만 일단 해보면 정말 아주 다른 세상이 열립니다." 줄리의 말입니다.

밤 데이트의 장애물은 극복할 수 있다

어떤 독자들은 이런 생각을 할 만도 합니다. 솔깃하게 들리긴 한데 완벽한 세상에서나 가능한 밤 데이트일 뿐이라고요. 그럴 만한 시간이나 돈도 문제고 (자녀가 있는 경우엔) 아이를 맡기는 문제 등을 어떻게 해결하느냐고요. 이런저런 장애물에도 불구하고 밤 데이트는 어떤 경우에든 실행 가능합니다. 물론, 함께 시간을 쪼개 짬을 내는 데 약간의 창의성을 발휘해야 할 때도 있습니다.

시간 : 안 그래도 사는 게 바쁜데 또하나의 의무를 위해 시간을 내야 한다는 생각에 부담스러울지 모릅니다. 하지만 밤 데이트는 의무를 넘어서는 의미가 있습니다. 당신의 관계를 위한 헌신이자, 행복한 결혼생활을 바라는 희망을 위한 헌신이기도 합니다.

매주 특별히 시간을 내서 이 약속을 우선순위에 두면 정말 유용합니다. 누가 응급실에 실려간 위급한 상황이 아니라면 밤 데이트를 '무슨 일이 있어도 꼭 해야 할' 행사로 삼으세요. 생일이나 교회 예배나 기념일 등 두 사람이 함께 기념하는 다른 특별한 행사처럼 따로 시간을 내세요.

밤 데이트는 두 사람의 관계를 기리는 신성한 시간이 되어야 합니다. 그 시간을 신성히 여기며 일정표에 할 수 있는 한 많은 시간을 잡아놓으세요. 단 1시간이라도 좋으니 무슨 일이 있어도 쫙 빼입고 약속한 데이트 자리에 나가세요.

돈 : 데이트라고 해서 큰돈을 써야 하는 건 아닙니다. 사실 돈을 들이지 않고도 데이트할 방법은 얼마든지 있습니다. 이를테면 짐 챙겨 피크닉 가기, 산책하기, 공원에 나란히 앉아 있기 등 통장을 바닥내지 않고도 함께 시간을 보낼 방법은 무궁무진합니다.

앞으로 여덟 번의 데이트를 소개할 때마다 대화의 주제에 따라 좋은 데이트 장소를 추천해 줄 테니 참고하길 바랍니다. 한때 존과 줄리는 쫙 빼입고 멋진 시애틀의 소렌토 호텔에 가서 호텔 손님인 척 하는 데이트를 자주 즐겼습니다. 멋들어진 호텔 로비의 난로 앞자리에 앉아서 술 한잔을 홀짝이며 저녁 시간을 보내며 몇 시간이 지나도록 서로의 열린 질문에 답해주면서요.

아이 맡기기 : 아이 맡기기는 밤 데이트를 나가고 싶지만 어린 자녀가 있는 커플들 대다수가 겪는 골칫거리입니다. 돈이 많이 들거나 스트레스를 받지 않고도 아이 맡기기 문제를 처리할 방법은 있습니다.

가령 존과 줄리 부부, 더글러스와 레이철 부부는 가끔씩 부부 모두 밤 데이트를 즐기기 위해 품앗이 보육을 해주었습니다. 이런 품앗이 보육의 여건이 안 된다면 믿을 만한 가족이나 가까운 친구에게 두 사람이 함께 신성한 시간을 보내고 싶어서 그러니 좀 도와달라고 부탁해보세요.

적은 비용으로 아이를 맡길 만한 베이비시터를 동네에서 구하거나 친구들에게 괜찮은 베이비시터를 추천받는 방법도 있습니다. 더글러스와 레이철은 아이들이 어릴 때 토요일 밤에 시간이 되는 베이비시터들을 미리 구해놓곤 했습니다. 매주 데이트 전에 아이들을 맡길 사람을 찾느라 허둥거릴 일이 없도록요.

남의 손에 아이들을 맡기는 걸 걱정하는 부모들도 있습니다. 그러나 아이들을 잘 돌봐줄 만한 안전하고 믿음직한 사람을 찾으면 아이들의 교육에도 좋습니다. 부모 외에 다른 사람들 중에도 믿고 기댈 수 있는 사람이 있다는 것을 가르칠 좋은 기회니까요.

아이들은 유연성이 아주 뛰어납니다. 그래서 당신이 파트너와의 관계에 헌신적인 모습을 보여주면 아이들은 자신이 건강하고 안정적인 부모에게 양육 받게 될 것이라는 확신을 갖게 됩니다. 아이들은 생활 속에서 부부의 사랑을 먹고 자랍니다. 명심하세요. 아이들은 끊임없이 부모를 모델로 삼는다는 것을요. 그러니 두 사람이 애정 있는 결혼생활을 지속해나가는 모범을 보여줘야 합니다.

'뜻이 있는 곳에 길이 있다.' 그 어떤 말보다도 일리 있는 이 삶의 격언을 마음에 새겨 담으세요.

앞으로 데이트마다 적당한 장소들의 추천과 더불어 집에서도 데이트의 주제를 잘 살려 데이트할 수 있는 대안들까지 함께 알려줄 테니 참고하세요.

더 즐거운 데이트를 위하여

이 책을 읽을 때나 앞으로 이어질 여덟 번의 데이트에서나 가장 새겨들어야 할 지침은 유대를 위해 열린 마음과 생각을 갖는 것입니다. 잘 들어주고, 진정 어린 열망과 호기심을 품으려는 자세가 중요합니다.

잠깐의 독서 : 데이트 전에 따로 보든 함께 보든 해당되는 장을 읽어 보세요. 장마다 가장 먼저 설명하는 초점은 이 데이트의 대화 주제가 당신의 관계에서 중요한 이유입니다. 그리고 이 주제를 지속적인 관계의 즐거운 한 부분으로 삼기 위해 알아둬야 할 점입니다.

각 장의 마지막에 실린 '데이트 실전'에는 재미있고 친밀한 데이트를 유도해 줄 만한 유용한 방법이 실려 있으니 참고하세요. 열린 질문을 통한 지침과 더불어 데이트에서 시도해 볼 만한 몇 가지 활동도 소개합니다. 또한 끝부분에는 데이트 주제에 따라 두 사람이 커플로서 함께 할 미래를 위한 맹세를 낭독하는 시간도 마련했습니다.

'스피드 데이팅'이라는 요점 요약 꼭지도 있으니 이 요약 내용을 데이트 전에 다시 읽어보세요. 각 장들을 읽어보는 것이 가장 효과적이지만 시간의 압박에 쫓긴다면 적어도 이 요약만이라도 읽길 권합니다.

많은 대화 나누기 : 데이트별 주제에 맞춘 열린 질문들의 목록을 가지고 데이트에 나가면 대화의 방향을 잡는 데 유용할 겁니다. 이 책을 각자 한 권씩 따로 보다가 데이트에 가지고 나가는 것도 괜찮은 방법입니다. 그렇게 가져가서 놀랍게 다가왔던 대목이나 유독 마음에 와닿았던 점들을 화제로 삼아 파트너와 더 자세히 이야기해 보세요.

웹사이트 'www.workman.com/eightdates'에서 그 내용과 열린 질문들을 다운로드받는 것도 추천합니다. 이 여덟 번의 데이트는 서로 가장 중요한 문제에 대해 얘기하며 파트너와 진정한 유대를 이루는 시간이 될 것입니다. 그러니 각 장의 '데이트 전 점검하기'와 '데이트 실전'에 실린 '대화의 주제' '열린 질문'에 집중해 대화를 나눠보세요.

술은 조금만(아니면 아예 마시지 않기) : 밤 데이트에서는 음주를 절제

하세요. 술이 들어가면 허심탄회해질 거라 여기기 쉽지만 그렇지 않습니다. 공격성의 고삐가 풀어져 버릴 위험도 있습니다. 한마디로 말해 술은 데이트에 그다지 도움이 되질 않습니다.

대다수 커플의 경우 술을 마시면 싸울 가능성이 그만큼 높아집니다. 데이트 때마다 와인 한 잔 정도의 음주량을 넘지 않도록 신경 쓰세요. 그래야 일관성 있게 말을 이어가면서 한창 나누고 있는 그 친밀한 대화에 제대로 집중할 수 있습니다.

레스토랑을 주된 데이트 장소로 삼고 싶다면 서로 마음 편히 이야기를 나눌 수 있을 뿐만 아니라 서로의 말소리가 또렷이 잘 들릴 만한 곳인지 확인하고 정하세요. 밤 시간대나 술을 곁들인 식사 중에 중요한 대화를 나눌 경우 정신이 딴 데 팔릴 것 같아 걱정되면 두 사람 모두에게 잘 맞을 만한 다른 시간대를 생각해 보세요.

두 사람이 아침형 인간이라면 아침 시간대가 괜찮을 것입니다. 일정에 무리가 안 된다면 업무 시간에 한 시간 이상의 짬을 내는 방법도 있습니다.

유머 감각 잃지 않기 : 두 사람의 관계를 최대한 잘 이어가고 싶거나 두 사람의 관계에 관심이 있다면 이 책의 지침에 따른 대화를 나누는 것이 잘하는 일입니다.

물론 이런 대화들은 내용이 진지한 편이지만 부디 대화 중에 재미도 느끼길 바랍니다. 그러기가 어려울 것 같은 상황이더라도 재미거리를 찾으세요. 서로 사랑에 빠졌던 이유를 잊지 말고, 특히 무엇보다도 웃음을 잊지 마세요.

친밀한 대화의 기술

여기에서 우리가 권하는 데이트들은 서로를 위해 시간을 내서 의미 있고 친밀한 대화를 나눌 기회를 만드는 방법입니다. 그런 대화를 하기 위해서는 곧 이어서 다루게 될 '잘 들어주기의 기술'과 더불어 친밀하면서도 의미 있는 대화를 나누는 일련의 기술과 방법이 필요합니다.

이런 식의 대화가 비교적 쉽게 느껴지는 사람들도 있을 테지만 그렇지 않더라도 아래에 있는 기술들을 익혀두세요. 그러면 자신의 감정을 표현하는 데도 파트너의 감정 표현을 도와주는 데도 두루두루 유용할 겁니다. 이 기술과 제안들은 모든 대화에서 다 따라야 할 단계는 아니지만 확실히 누구라도 익혀서 따라할 수 있는 것들입니다. 친밀한 대화를 꺼내 막힘없이 이어가는 데 유용할 테니 잘 익혀두세요.

■ **기술 1 : 당신의 감정을 말로 표현하기**

'지금 내 기분이 어떠냐면……'으로 말문을 떼면서 다음과 같이 감정을 표현해 보세요.

□ 인정받는 것 같아.

□ 인정받지 못하는 것 같아.

□ 마음이 훈훈해.

□ 이해받은 것 같아.

□ 당신에게 가까워진 것 같아.

□ 마음이 죄여오는 것 같아.

□ 외면당하는 것 같아.

□ 당신과 멀어진 것 같아.

□ 배신당하는 것 같아.

□ 오해받는 것 같아.

□ 두려워.

□ 당신이 날 좋아하지도 않는 것 같아.

□ 제대로 인정받는 것 같아.

□ 당혹스러워.

□ 제대로 인정받지 못하는 것 같아.

□ 뒷전으로 밀려나는 느낌이야.

□ 짜증스러워.

□ 내팽개쳐지는 것 같아.

□ 안심이 돼.

□ 소외된 것 같아.

□ 유대감이 들어.

□ 마음이 거북해.

□ 화가 나.

□ 심란해.

□ 속이 상해.

□ 흥분돼서 몸이 달아오르는 것 같아.

□ 혼자가 된 것 같아.

□ 당신에게 고마워.

□ 낭만이 느껴져.

□ 외로워.

□ 매력 없는 사람이 된 것 같아.

□ 언짢아.

□ 패배자 같아.

□ 후회스러워.

□ 찔려.

□ 부끄러워.

□ 기가 차.

□ 분해.

□ 충분히 화가 날 만도 하다고 느껴져.

□ 행복해.

□ 업신여겨지는 것 같아.

□ 즐거워.

□ 모욕당한 것 같아.

□ 불안해.

□ 지루해.

□ 피곤해.

□ 주눅이 들어.

이번엔 이런 감정을 느끼는 이유를 이야기해 보세요. 이때는 그런 감정을 일으킨 사건이나 어린 시절 내력, 또는 그동안 관찰하거나 깨달은 점 등을 풀어놓으면 됩니다. 그 감정과 당신이 생각하는 그 감정의 원인 사이에 연관이 있는 것은 무엇이든 다 이야기해 보세요.

■ 기술 2 : 친밀한 대화 중에 파트너에게 열린 질문하기

다음과 같은 식으로 물어보세요.

- 지금 어떤 기분이 들어?

- 또다른 기분은 안 들어?

- 당신한테 지금 필요한 게 뭐야?

- 당신이 정말로 바라는 게 뭐야?

- 어쩌다 이런 일이 일어났을까?

- 누구에게 어떤 말을 하고 싶어?

- 생각만 해도 두려운 감정들이 뭐야?

- 지금 복잡하게 뒤엉킨 감정들은 뭐야?

- 마음 한구석에서 갈등이 느껴지는 게 있는 거야?

- 이 일로 새삼 떠오르는 당신의 개인사는 없어?

- 이 일로 당신이 떠안게 된 책임은 (또는 의무는) 뭐야?

- 당신이 어떤 선택을 내려야 하는 상황인 거야?

- 이 일이 당신의 가치관으로는 어떻게 여겨지는데?

- 당신이 정말 존경하는 누군가를 생각해 봐. 그 사람이라면 어떻게 했을 것 같아? 이 상황에서 어떤 관점을 취했을까?

- 당신은 이런 감정과 욕구가 정신적으로나 도덕적으로나 윤리적으로나 종교적으로 의미 있다고 생각해?

- 지금 당신이 불만스러운 사람이나 상황이 있으면 말해 봐.

- 이 일이 당신의 정체성, 즉 당신의 자아 개념에 어떤 영향을 주고 있어?

- 당신이 변했거나 지금 변하는 중인 점들이 뭔지 얘기해 줘. 그리고 그

런 변화가 지금의 이 상황에 어떤 영향을 미치고 있는지도.

- 당신은 주로 어떤 일에 반발심이나 불만이 생겨?
- 지금 당장이든 앞으로든 문제가 어떤 식으로 해결되었으면 좋겠어?
- 살날이 6개월밖에 남지 않았다고 가정한다면 당신은 뭐가 가장 중요할 것 같아?
- 당신의 목표는 뭐야?
- 이 상황에서 당신이 어떤 책임을 맡아야 할 것 같은데?

■ **기술 3 : 내밀한 대화 중에 파트너가 감정과 욕구를 솔직히 타놓도록 슬쩍 유도해 주기**

다음과 같이 말해 보세요.

- 어떻게 된 상황인지 얘기해줘 봐.
- 지금 당신이 어떤 감정을 느끼고 있는지 전부 다 알고 싶어.
- 말해 봐. 내가 다 들어줄게.
- 지금 나한테는 당신 얘기를 듣는 게 가장 중요한 일이야.
- 지금 이야기할 시간 많으니까 할 말이 있으면 실컷 얘기해 봐.
- 현 시점에서 당신의 중요한 우선순위들이 뭔지 말해 줘.
- 지금 당장 필요한 게 뭔지 말해 봐.
- 당신에게 어떤 선택지가 있는지 말해 줘.
- 확신이 안 서도 괜찮으니까 뭘 어떻게 하면 좋을지 당신 생각을 말해 줘.
- 무슨 말인지 잘 알겠어. 계속 얘기해 봐.
- 내가 당신의 감정을 좀더 잘 이해하게 더 얘기해줘 봐.

- 당신한테는 이미 생각해 둔 해결책이 있는 것 같은데 그게 뭔지 말해 줘.
- 내가 당신의 관점에서 이 상황을 이해해 볼 수 있게 해 줘. 지금 당신에게 가장 중요한 게 뭐야?
- 당신이 가장 걱정하는 게 뭔지 말해 줘.
- 당신이 이 상황을 어떻게 보고 있는지 더 자세히 알고 싶어.
- 결단을 내려야 할 것 같은 문제가 있다면 얘기해 줘.

■ 기술 4 : 친밀한 대화 중에 파트너에게 너그러운 모습을 보이며, 공감과
　　　　　이해를 표현하기

다음과 같은 말로 공감을 나타내세요.

- 정말 일리 있는 말이야.
- 당신 기분이 어떤지 이해돼.
- 그런 절망감이 드는 것도 당연해.
- 얘기를 듣고 보니 당신의 절망감이 느껴져.
- 당신이 정말 곤란한 입장에 있구나.
- 당신이 얼마나 괴로운지 알겠어.
- 난 당신 편이야.
- 이런, 듣고 보니 끔찍하네.
- 정말 상처받았겠다.
- 당신의 입장을 지지해.
- 당신 말에 전적으로 동감이야.
- 당신 지금 사면초가에 빠진 기분이겠다!

- 정말 지긋지긋한 기분일 것 같네!

- 이 일로 고통이 굉장하구나. 어떤 기분일지 알겠어.

- 화가 날 만도 하네.

- 정말 경악스럽다.

- 나라도 서운했을 것 같아.

- 나도 기분 상했을 것 같아.

- 나도 슬펐을 거야.

- 이런! 마음 상했겠다.

- 정말 어이없었겠네.

- 당연히 화날 만하지.

- 그래, 무슨 말인지 알 것 같아. 그래서 기분이 ○○한 거구나.

- 내가 잘 알아들은 건지 말해 줘. 그러니까 당신 말은 ○○하다는 거구나.

- 나라도 불안한 기분이 들었을 것 같아.

- 듣고 보니 소름끼치네.

잘 들어주기의 기술

여덟 번의 데이트를 도울 질문들은 구체적이고 열린 질문입니다. 그러나 질문만 한다면 반쪽자리 대화로 끝나게 됩니다. 잘 들어주기라는 극히 중요한 나머지 반쪽의 기술도 필요합니다. 그냥 들어주는 게 아니라 각별히 마음 써서 들어줘야 합니다. 비판이나 방어의 자세, 반박 욕구를 억누르면서 이해하려고 애써야 합니다. 포용하며 들어줘야 합니다.

잘 들어주기도 의지에 의한 행동이므로 노력을 해야 합니다. 자신의 생각에서 벗어나야 합니다. 스스로의 내면에서 벗어나지 않으면 사랑하는 사람의 목소리가 아닌 당신의 목소리에 귀 기울이게 될 테니까요.

주의 기울여주기 : 스마트폰, 태블릿 등의 기기를 멀찍이 놔두세요. 전원을 꺼놓거나, 적어도 묵음으로라도 해놓으세요. 파트너가 하는 말에 진심 어린 관심과 호기심을 보여주세요. 몸을 가까이 기울이고 눈을 맞춰주면서 중간에 말을 자르지 마세요.

딴생각하지 않기 : 대화란 말을 주고받는 것입니다. 잘 들어주기는 단지 당신의 독백 모드에 일시정지 버튼을 눌러놓는 선에서 그쳐서는 안 됩니다. 집중해서 듣지 않으면 파트너가 다음에 무슨 말을 할지 짐작하지 못합니다. 그러니 파트너가 말을 하는 동안엔 당신이 다음에 꺼낼 말을 생각한다거나 반박할 거리를 궁리하지 않도록 주의하세요.

물어보기 : 듣다가 이해가 안 되는 대목이 있으면 물어본 후 대답을 잘 들어주세요. 마음을 열어주는 열쇠는 열린 질문이라는 사실을 명심하세요. "더 자세히 얘기해 줄래?" "그것과 관련된 일화나 기억은 없어?" 같은 유도하는 질문을 던져보세요. 이때는 지금 대화를 하는 중이지 심문하는 중이 아님도 명심하세요.

이해해 주기 : 경청자로서의 역할은 파트너의 감정 이해해 주기입니다. 파트너의 감정을 무시하거나 고치려 들면서 파트너의 감정을 경시하지 않도록 조심하세요. 꼭 파트너의 기분을 더 나아지게 해주거나 힘내게 해줘야 할 필요는 없습니다. 그저 잘 들어주면서 이해해 주려 노력하기만 하면 됩니다.

증인 역할 하기 : 들어주기에서는 증인 역할이 중요합니다. 말하자면

파트너가 혼자 얘기하는 느낌이 들지 않도록 들어주라는 얘깁니다. 증인 역할을 하며 파트너를 위해 '그 자리에 있어 주기' 위한 효과적인 방법은 파트너가 방금 한 말을 당신이 되짚어 말하면서 감정을 헤아려주는 것입니다.

예를 들어 파트너가 친구와의 문제를 털어놓았다면 이런 식으로 말해 주세요. "들어보니 그 친구가 그동안 아주 까탈스럽게 굴며 지적질을 해대서 정말 짜증난다는 얘기 같네. 당신이 왜 그렇게 짜증스러워하는지 알만해" 심리치료사처럼 얘기해 주지 않아도 됩니다. 그저 당신이 얘기를 잘 들어주고 있다는 걸 파트너가 느끼게 해주면 됩니다.

설마 하겠지만 그렇게 말해 주지 않으면 파트너는 당신이 무슨 생각을 하는지 모릅니다. 알 거라고 생각하기 쉽지만 사실은 잘 모릅니다. 당신이 파트너의 이야기를 잘 듣고 있다는 것을 알게 해주세요.

비판 삼가기 : 파트너가 부탁하지 않는 한 비판적인 태도로 조언하려 들지 마세요. 파트너와 대화할 때에는 어떤 경우든 존중, 이해, 공감을 나누세요. 각자 가장 마음 깊이 묻어둔 생각과 감정과 두려움을 마음 놓고 스스럼없이 털어놓는 자리입니다. 그런 만큼 이 책에서 나누는 대화들은 어느 정도의 취약성과 솔직함이 필요합니다.

이런 대화의 목표는 당신의 신념이 옳다거나 파트너가 틀렸다는 점을 입증하는 것이 아닙니다. 두 사람 사이의 유사점과 차이점을 이해하면서 서로가 가진 세계관의 근거에 대해 공감을 세우는 것입니다.

포용력 늘리기 : 이 대화들은 서로를 더 깊이 있게 이해하게 되는 과정인 만큼 높은 수준의 취약성이 노출됩니다. 파트너의 행동 동기를 이해하고 행동 방식을 받아들이려 노력하세요. 두 사람이 누리고 있는 것

을 소중히 여기고 서로에 대해 고마운 마음을 쌓아가세요.

잘 들어주기가 쉬운 일은 아니지만 그런 경청이 없이는 친밀한 대화가 불가능합니다. 다음은 데이트에서나 두 사람의 관계에서나 서로의 말을 들어줄 때 유용한 지침으로 삼을 만한 질문이니 참고하세요.

- 지금 기분이 어때?
- 지금 당신한테 필요한 건 뭐야?
- 당신의 선택지는 뭐가 있어?
- 내가 어떻게 도와줄까?
- 이 상황에서 당신이 생각하는 최악의 시나리오는 뭐야?
- 이 상황에서 당신이 바라는 이상적인 꿈은 뭐야?

서로를 이해하지 못하는 것 같아 답답한 느낌이 든다면 갈등으로 치닫지 않도록 심호흡을 하거나 (10까지 세기는 뇌의 감정 중추를 진정시켜 주기 때문에 정말로 유용한 방법입니다) 잠깐 화장실에 다녀오세요.

여기에서 소개하는 데이트들의 중요한 지점은 의견 차이의 처리나 갈등의 해소가 아닙니다. 따라서 갈등이 생기지 않도록 '데이트 실전'에 있는 '문제 해결' 코너에 바람직한 행동과 바람직하지 못한 행동을 제시해 놓았으니 참고하세요. 분위기가 (안 좋은 쪽으로) 격해지는 상황에 놓이면 본문의 '정정당당하게 싸우며 만회하기'도 참고하세요. 가트맨 연구소의 웹사이트(www.gottman.com)에 방문하면 더 많은 추가 자료를 얻을 수 있습니다.

이 책에서 안내하는 대화들은 정말 중요합니다. 그리고 확신하건대

이 여정에 함께 나서서 여덟 번의 대화를 나누다 보면 두 사람의 우정과 사랑은 더 커질 것이며 함께하는 삶의 기반도 탄탄히 다져지게 될 것입니다. 시작이 반이니 이제 당신은 평생의 사랑을 향한 여정에 이미 들어선 것입니다.

필요할 때 당신은
내 곁에 있어 줄까?

신뢰와 헌신 쌓기

벤과 레아는 애리조나 대학교 캠퍼스에서 만났습니다. 벤이 천문학 수업을 듣고 나올 때마다 레아가 다음 수업을 기다리며 계단에 앉아 있었습니다. 벤은 레아를 눈여겨보지 않을 수 없었답니다.

"항상 보면 책에 머리를 박고 있었어요. 한 번도 제 쪽을 쳐다본 적이 없었죠. 혹시라도 쳐다보면 인사하고 싶었지만 책만 읽고 있었어요. 그게 5주간 계속되었죠.

레아의 정수리나 신발은 척 보면 알 정도였지만 딱 거기까지였어요. 레아가 어떻게 생겼는지, 눈동자는 무슨 색인지조차 몰랐는데도 마음이 끌렸어요. 그 정도의 집중력을 발휘하는 모습과 항상 그 자리에 와 있는 한결같은 모습에 호기심이 생겼어요. 레아는 그렇게 저의 주간 일상을 차지하는 존재가 되었지만 저라는 사람이 있다는 것조차 몰랐어요.

한번은 계단을 내려가면서 일부러 부딪쳐보려고 시도했다가 레아를 살짝 떠밀게 되었어요. 그때도 제 사과에 '괜찮아요'라고 대꾸만 하고는 고개도 들지 않더라고요. 자꾸만 그녀 생각이 났어요. 그 수업을 듣는 날만이 아니라 매일매일이요. 대체 누구일까? 이름은 뭘까? 읽고 있는 책이 뭘까?"

그러던 어느 날 벤은 더는 못 참겠다고 결심하고는 수업이 끝난 뒤에 그녀 옆으로 다가가 계단에 앉았습니다.

"벤은 제 옆으로 바짝 앉았어요. 너무 가까이 앉아서 어깨가 닿을 정도였다니까요. 그때 전 철학 수업 준비를 위해 사르트르를 읽던 중이었어요. 내용이 난해했어요. 철학이란 게 어려운 과목이라 읽느라 애를 먹고 있었죠. 그래서 처음엔 짜증이 났는데 고개를 들었다가 얼굴에 함박웃음을 짓고 있는 벤을 보는 순간 오래전 연락이 끊긴 친구라도 만난 기분이 들었어요."

그때 벤은 레아가 지었던 얼굴 표정이 아직도 생생하다고 합니다.

"얼굴을 제대로 보며 그 커다란 갈색 눈을 보게 되었을 때 어찌나 행복하던지 서로 모르는 사이라는 사실조차 잊었어요. 저에겐 레아가 낯선 사람이 아니었지만 저를 처음 봤을 때 레아의 표정은 누가 봐도 짜증스러운 표정이었어요."

드디어 벤은 자기를 소개하며 무슨 책을 읽는 중이냐고 물었습니다.

"얘기할 기회를 날려버리고 싶지 않아서 이것저것 계속 물어봤어요. 레아가 대화에서 빠져나갈 여지를 안 줬어요. 다행히 레아는 천성적으로 예의 바른 사람이어서 수업에 들어가야 하는 시간까지 20분 정도 이야기를 나누어 주었어요."

이번엔 레아의 말입니다.

"이후로도 그 학기 내내 매번 수업에 들어가기 전에 20분씩 얘기했어요. 그냥 얘기만 했어요. 별의별 얘길 다 했죠. 벤은 데이트 신청을 하지도 전화번호를 묻지도 않으면서 그 계단에 앉아서 제 인생사를 캐

묻기만 했어요. 지금 와서 생각해 보면 좀 별난 행동이었죠. 나중엔 기다리다 못해 제가 데이트를 신청했어요. 그때 벤은 놀랐던 것 같아요."

"레아의 데이트 신청에 놀라긴 했지만 당연히 '예스'라고 대답했죠. 전 이미 사랑에 빠져 있었어요. 첫 데이트를 하기 전부터, 첫 키스를 나누기 전부터, 관계를 갖기 전부터 이미 레아를 사랑하고 있었어요."

"벤은 정말 한결같았어요. 항상 그 자리에 나왔어요. 언제나 미소 띤 얼굴로 제 인생사에 대해 물었어요. 한번은 제가 감기에 걸린 걸 눈치채더니 자기 스웨터를 걸쳐주고는 헤어질 때까지 돌려달라는 말을 안 했어요. 뭐라고 말로 설명하긴 힘들지만 그런 사소한 일이 신뢰감을 주었어요.

벤은 별난 방식으로 사람에게 안전감을 주었어요. 제가 원하는 줄도 몰랐던 그런 안전감을요. 그 이후로도 쭉 그랬어요. 이제 함께한 지 5년이 다 되어가고 결혼을 계획 중인데 지금껏 살아오면서 어떤 사람도 벤처럼 신뢰감을 주었던 적은 없었어요.

그런데 모든 신뢰는 그 계단에서 나눴던 대화와 연관되어 있어요. 벤은 한 번도 저를 바람맞힌 적이 없었고 그건 지금도 변함이 없어요. 저에게 뭔가가 필요할 때는, 가끔은 제가 의식적으로 감지하기 전부터 벌써 알아채 줘요. 벤은 저의 베스트프렌드이자 평생의 사랑이에요."

벤과 레아는 '신뢰와 헌신의 데이트'를 하면서 각자의 가정에서 자라며 접한 헌신의 표상이 아주 많이 다르다는 것을 알게 되었습니다. 레아는 자신에게 신뢰란 곧 안전감과 벤의 자상한 태도라고 밝혔습니다.

"저희 부모님은 이혼을 하셨고 엄마는 정서적으로 좀 피폐되어 있었어요. 저에게 신경을 써주지도 교감을 나눠주지도 않으셨어요. 항상 피곤해 하셨고 정서적으로도 저를 보살펴줄 여유가 없으셨죠. 치어리더 선발에서 탈락해 상심해 있을 때도 엄만 제 곁에서 힘이 되어주지 않으셨어요. 사소한 일처럼 들리지만 그 일은 상처가 되었죠. 제 곁엔 아빠도 안 계셨어요. 책이 제 위안거리였죠. 저는 책 속으로 빠져들었어요. 그래서 그런지 저에게 신뢰란 곁을 지켜주며 신경 써주는 것과 연관돼요. 하겠다고 말한 대로 해주느냐의 문제에요."

벤의 부모는 이혼은 하지 않았습니다. 그들은 그저 헤어지지 않고 함께 사는 것을 서로에 대한 헌신으로 여겼습니다.

"두 분은 함께 살면서 가정을 깨진 않으셨어요. 그렇지만 저는 두 분이 단둘이 오붓하게 시간을 보내는 모습을 별로 본 적이 없어요. 자식들, 교회 예배 참석, 일상적 일과 중심으로만 지내셨어요. 서로 별 얘기 없이 지내시는 모습을 지켜보며 나는 저렇게 살지 말자고 생각했던 게 기억나요. 두 분은 불륜을 저지른 적은 없지만 진정한 의미에서 볼 때 서로에게 얼마나 헌신적이었는지는 잘 모르겠어요. 가끔씩 다른 여자들을 흘끔거리는 아빠를 봤는데 기분이 이상했어요."

벤은 신뢰와 헌신의 데이트를 통해 몰랐던 것들을 깨우치게 되었다고 합니다.

"이전에는 치어리딩 팀에 대해 무지했지만 이젠 어떤 역할을 하는지 알게 되었어요. 하기로 말했으면 그 약속을 지키는 것이 얼마나 중요한지도 깨달았어요. 또 캠핑을 가기 위해 세웠던 계획을 어쩔 수 없이 깨야 했을 때 레아가 보였던 반응도 이젠 이해돼요."

듣고 있던 레아가 깔깔 웃으며 말했습니다.

"그때 제가 좀 서툴게 반응했죠. 하지만 이번에 대화를 나눈 뒤로 둘

다 깨달았어요. 신뢰를 높인다는 건 서로 바람을 피우지 않는 것 이상의 문제라고요. 바람만 피지 않으면 된다는 건 헌신과 신뢰에 대한 단순한 사고방식에 지나지 않아요. 큰일이든 작은 일이든 뭔가를 약속하면 충실히 지키는 것도 중요해요."

"스웨터를 둘러줬을 때 레아가 거부하지 않았던 것도 신뢰의 표시가 아니었을까 싶어요."

진정한 헌신이란 무엇인가

관계에서 헌신은 매일매일 반복해서 내리고 또 내리는 선택입니다. 심지어 몸이 피곤하고 과로를 해서 스트레스가 클 때도 우리는 헌신할지 말지를 선택합니다. 아무리 매력적인 사람과 우연히 마주치게 되더라도 헌신할지 말지를 선택하게 됩니다.

또 파트너가 관심을 얻으려 시도할 때마다 보던 책을 내려놓거나 TV에서 눈을 떼거나 스마트폰에서 시선을 돌리는 등 하고 있던 일을 멈추는 것도 헌신의 선택입니다. 우리 삶에서 파트너의 중요성을 인정해 주는 것 또한 헌신의 선택입니다.

이렇게 파트너의 중요성을 인정해 주는 헌신은 단지 미소를 지어주는 것만으로도 충분할 때가 있는가 하면 대화가 필요할 때도 있습니다. 언제든 진심이 담겨 있어야 합니다. 두 사람의 관계가 우선순위에 있음을 보여주면 신뢰가 쌓입니다. 신뢰는 결혼식 서약에 있는 그 어떤 선서보다도 확실하게 신의를 증명해 줍니다.

러브랩에서 밝혀낸 바에 따르면 우리의 관계에 가장 큰 변화를 일으키고 신뢰와 안전의 보호막을 세워주는 것은 바로 사소하고 긍정적인 행동을 자주 하는 것입니다.

그렇다면 진정한 헌신이란 뭘까요? 누구나 알 만한 헌신의 의미는 다른 사람들과의 가능성을 거부하기입니다. 즉, 파트너에게 성적으로나 감정적으로 신의를 지키는 것입니다. 배우자가 아닌 상대와의 관계에서 선을 지키는 것입니다.

고(古) 셜리 글라스 Shirley Glass 박사는 불륜 관련 분야에서 세계적으로 손꼽히는 연구자입니다. 그는 『그냥 친구 사이가 아닌 Not "Just Friends"』이라는 책에서 창문과 벽을 핵심 개념으로 삼아 전문적 견해를 밝혔습니다. 요약하자면 결혼을 했든 안 했든 파트너에게 헌신할 때의 이상적인 행동은 두 사람 주위로 벽을 세우는 것입니다. 동시에 두 사람 사이에 창문을 열어두기도 해야 합니다.

이렇게 두 사람 주위로 벽이 세워지면 가장 깊은 감정적·육체적 유대를 나누는 측면에서 다른 사람들과 분리가 됩니다. 글라스 박사가 연구를 통해 밝혀낸 바에 따르면 사람들은 특히 불행한 관계에 있는 사람들일수록 다른 사람에게 배우자와의 관계에 대해 털어놓습니다.

바로 그 순간 다른 사람에게 창문을 열어주게 된다고 합니다. 배우자 몰래 이러한 플라토닉 관계나 감정적 관계를 계속 이어갈 경우 차츰 배우자와의 사이에 벽을 세우게 됩니다. 장기적이고 지속적인 신뢰, 헌신, 신의를 가질 마음이 있다면 두 사람 사이에 벽이 생겨서는 안 됩니다. (이성의 상대든 동성의 상대든) 두 사람 외의 가까운 친구에게 열어준 창문은 금세 출입구가 되고 바로 이때 외도가 일어나게 됩니다.

이렇게 창문을 내어준 상태에서도 친구 사이로 지내는 것이 불가능한 일은 아니지만 선을 넘지 않도록 조심해야 합니다. 둘 중 한 쪽이 배우자에게 새로 맺은 우정에 대해 비밀을 갖기 시작하면 그것은 위험천만한 적신호입니다. 그때는 두 배우자 사이에 벽이 세워지면서 서로에 대한 헌신에 장애물이 생기게 됩니다.

확실히 한 사람에게 헌신한다는 것은 겁이 날 만한 일입니다. 이 사람과의 관계에 모든 것을 거는 셈이니까요. 관계가 잘 안 풀려도 대기 중인 다른 상대는 없습니다. 안전망이 없는 것입니다. 문제가 생겼더라도 다른 누군가를 붙잡고 넋두리한다고 해서 해결되지 않습니다.

오히려 파트너와 직접 마주하며 문제를 해결해야 합니다. 게다가 서로 헌신하면 자신이 가진 매력을 이 사람에게 모두 바치게 됩니다. 다른 연인을 위해 따로 남겨놓는 것 없이 전부를요. 이것은 위험하지만 꼭 필요한 결정입니다. 이 정도의 헌신 없이는 사랑이 오래 이어지지 못할 테니까요.

헌신하기로 선택하면 파트너를 있는 모습 그대로 받아들여야 합니다. 떠날 것처럼 겁줘서도 안 됩니다. 또 파트너의 고통을 그 이상까지는 못 되더라도 자신의 고통만큼 마음 써줘야 합니다.

"아내가 고통에 빠져 있으면 저는 아내의 말을 잘 들어주기 위해 만사를 제쳐놓습니다." 이러한 존의 말 속에 헌신의 적절한 자세가 담겨 있습니다.

헌신적 관계의 두 사람 모두 서로의 고통을 이해하고 덜어주기 위해 만사를 제쳐놓아야 합니다. 그것이 두 사람이 결혼한 이유이자 사랑하는 이유입니다. 두 사람은 서로가 필요하고 서로에게 필요한 사람이 되어야 합니다. 진정한 헌신은 몇 번이고 거듭해서 서로를 선택하는 것입니다. 궁극적으로 관계가 잘 이어지게 이끌어주는 근원은 관계를 잘 이으려는 결심이기 때문입니다.

배반의 수순으로 착착 진전되어 가는 단계가 있습니다. 대체로 관계가 원만하지 않을 때 일어나는 단계로, 바로 자신의 배우자를 현실이나 상상 속에 존재하는 다른 상대와 비교해 비난하는 것입니다. 우리는 이 단계를 '부정적 비교'라고 이름 붙였습니다.

이런 부정적 비교에 들어서면 배우자와 함께 누리고 있는 것에 대해 고마운 마음을 키우기보다 아쉬운 부분에 대한 원망을 키웁니다. 배우자에게 신경 거슬리는 부분이 있으면 당사자끼리 대화로 풀어 욕구를 충족시키기보다 다른 상대와의 관계를 상상합니다. 현재의 관계에서 아쉬운 부분을 그 상상 속 배우자로부터 어떻게 충족 받을지 상상하는 것입니다. 관계 내에서의 부정적 감정을 이런 부정적 비교로 다루면 위험해집니다.

다른 원더랜드로 들어갔더라면

수년 전에 존은 한 커플을 몇 주 동안 상담해 준 적이 있습니다. 어느 날 저녁, 두 사람이 상담 예약 시간에 맞춰 와서 '그만 끝내겠다'는 통보를 했습니다. 존은 그 부부의 여섯 번째 심리치료사였습니다. 부부는 심리치료가 잘 안 되고 있으니 존과 결별할 때가 되었다고 했습니다. 그리고 어쩌면 두 사람도 이쯤에서 결별할 때인 것 같다고 덧붙였습니다.

이러한 부부의 결정에 존은 놀라움과 미안함이 교차했습니다. 그 부부의 상담이 잘 이루어지고 있어서 진전을 이루고 있는 줄로 생각했는데 아니었던 겁니다.

"제가 부탁 좀 드려도 될까요? 상담비도 지불하셨으니 오신 김에 상담을 더 받으면서 제 상담치료가 두 분에게 효과가 없는 이유를 제가 파악해 보게 도와주실 수는 없을까요?" 존이 의향을 떠봤습니다.

부부가 계속 상담을 받기로 동의하자 존은 부부에게 한 주를 어떻게 지냈는지 물었습니다.

"대판 싸웠어요……."

아내가 말문을 열었지만 이내 남편이 말을 자르고 끼어들어 이야기했습니다.

"같이 파티에 갔다가 제가 그곳에서 만난 어떤 여자와 한창 신나게 얘기를 나누고 있었어요. 그런데 아내가 늘 그러듯 어깨를 툭툭 치더니 피곤하니까 집에 가서 자자고 그러는 겁니다."

존은 고개를 끄덕여주면서 부부가 티격태격하며 불꽃 튀게 싸우는 소리를 가만히 들어봤습니다. 남편은 성공한 사업가였지만 아내는 치료사로 일하다가 일을 그만두고 집에서 아이들을 돌보고 있었습니다. 부부싸움은 늘 시간과 돈 때문이었는데 궁극적으로 보면 주도권 다툼이었습니다.

존은 부부에게 그 파티에서의 상황이 어땠기에 상담치료를 그만두기로 마음먹게 되었는지 더 자세히 말해 달라고 했습니다. 남편이 말했습니다.

"그게 그러니까 아내가 피곤하다고 그만 가고 싶다고 해서 차를 몰고 집으로 가는 길이었어요. 제가 그 파티에서 정말 호감 가는 여자를 알게 되어 즐거운 대화를 나누었다고 말했어요."

남편은 회상하며 그날 아내에게 무슨 이야기를 했는지 말했습니다. 자신과 아내 사이에는 더 이상 그런 대화가 오가지 않는다는 점을 지적했다고요. 이어 자기가 파티에서 만난 그 여자에게 흥분했던 이유는 오래전에 아내가 그만둔 장난스러운 추근거림을 걸어 왔기 때문이라고 털어놓았다고요. 존은 남편의 말에 별 대꾸를 해주지 않았습니다.

"그래서 남편의 말을 듣고 뭐라고 하셨죠?" 존이 아내에게 물었습니다.

"화가 나서 철 좀 들으라고, 이제 다른 여자들에게 치근거리는 것 좀 하지 말라고 했어요."

"그리고 속으로 어떤 생각이 드셨죠?"

아내는 잠깐 뜸을 들이다 입을 떼었습니다.

"더 성숙한 남자와 살았으면 좋겠다고요. 그러면 제가 더 좋은 아내가 될 수 있을 텐데 싶었어요."

존은 그제야 왜 자신의 상담치료가 효과가 없었는지, 왜 부부가 다섯 명이나 되는 심리치료사들에게 상담받다가 자신에게까지 찾아왔는지를 이해했습니다.

"이제 그만 가보셔도 됩니다. 상담치료가 효과가 없는 이유를 알았습니다. 감사합니다."

부부는 어리둥절해하며 자리에 그대로 앉아 있었습니다. 자신들의 말다툼을 듣고 확실히 알게 된 문제가 무엇인지 알려 달라고 했습니다.

"음, 두 분은 서로 사랑해서 약혼을 하고 결혼식을 올렸습니다. 같이 집을 샀고 같이 두 자녀를 낳았습니다. 하지만 두 분의 관계에는 헌신이 없습니다. 늘 더 잘 살았을지 모른다는 생각으로 아쉬움에 빠져 있습니다. 남편분은 파티에서 어떤 여자를 만나 이야기를 나누고 치근거리면서 그 여자를 아내분과 비교하며 아쉬워하고 있습니다. 아내분 역시 남편분이 불만을 털어놓으면 더 성숙한 남자랑 살면 더 잘 살 수 있을 거라는 생각으로 아쉬워하는 거고요. 두 분은 서로에게 진정으로 헌신적이지 않은 겁니다."

남편이 반박의 말을 꺼냈습니다.

"제가 일을 하는 건 모두 가족을 위한 것입니다. 매일매일을 희생하고 있다고요. 제가 헌신적이지 않다니 그게 무슨 말이세요?"

아내 역시 자신의 헌신이 부족하다는 말에 반박했습니다.

"저는 집안일을 전부 맡아서 하고 있는 데다 일의 스트레스도 크다고요."

"제가 『이상한 나라의 앨리스』 이야기를 좀 들려드리죠. 앨리스는 아주 별난 토끼가 토끼굴로 내려가는 것을 보고 그 안으로 대뜸 뛰어듭니다. 그곳으로 뛰어들면 어떤 일이 벌어질지 전혀 모르는 채였죠. 실제로 원더랜드는 그렇게 멋진 곳이 아닙니다. 무서운 일, 험난한 일, 흥미롭고 신나는 일들이 뒤범벅되어 있는 곳이죠. 말하자면 일종의 모험이지만 앨리스는 자신에게 어떤 일이 기다릴지 모르면서도 어쨌든 그 안으로 뛰어듭니다.

앨리스는 주저하지도, 내일 더 착한 토끼를 만나게 될지 모른다는 생각을 하지도 않습니다. 마음속으로 자신이 중대한 여행에 나서는 것이라고 느끼면서 어려움이 닥쳐오는 와중에도 여전히 그 여행이 마법 같고 놀랍다고 여깁니다. 뒤돌아보지도 않고 자신이 선택한 모험에 의문을 갖지도 않습니다. 그것이 바로 헌신입니다.

두 분은 그런 적이 없으세요. 헌신과 신의를 과시하는 요소들만 있을 뿐 파티에 가서 다른 사람이 자신의 욕구를 더 잘 채워줄 수 있을지 모른다는 생각을 하고 있습니다. 서로의 행동을 마음에 들어 하지 않으면서 그것을 운명의 상대가 아니라는 의미로 받아들이고 있습니다. 서로 티격태격할 때는 늘 상대방의 관점이 아닌 이기적 관점에서 접근하고 있고요.

서로에게 신의의 기반이나 신뢰나 헌신이 세워지지 않은 것은 두 분이 서로의 관계에 진정으로 속해 있지 않기 때문입니다. 어떤 심리치료사를 찾아가도 도움을 받을 수 없었던 이유가 거기에 있습니다. 두 분다 여전히 뒤를 돌아보며 다른 토끼를 따라 다른 토끼굴로, 다른 원더랜드로 들어갔다면 더 나았을 거라고 생각하고 있어요."

부부는 다소 충격을 받은 채로 나갔습니다. 몇 달 뒤에 존은 확인차 전화를 걸어봤습니다. 들어보니 부부는 존의 상담실에서 나온 뒤로 여러 밤 동안 헌신과 신의를 놓고 대화를 나누며 각자에게 헌신과 신의가 의미하는 바가 뭔지를 얘기했습니다.

다른 주로 이사를 가게 되어 새로운 심리치료사의 도움을 받아 서로에게 정말로 탄탄한 애착을 형성하지 못했던 이유를 알게 되었습니다. 또 신뢰, 신의, 헌신에 대한 각자의 가치관과 기대가 뭔지를 허심탄회하게 얘기해 본 적이 없던 이유도 깨닫게 되었습니다. 열의 있고 신중하게 노력하는 듯한 부부의 얘기를 듣고 나니 존은 이제 두 사람이 잘 될 수 있겠다는 판단이 섰습니다.

진짜 마법이 일어나는 순간

관계를 이어가다 보면 힘든 순간이 생기게 마련입니다. 상대방이 당신을 애먹이거나 당신의 감정에 상처를 주거나 당신을 실망시키는 그런 순간이 옵니다. 그런데 이렇게 화나거나 슬픈 순간, 실망스럽고 암울한 순간에는 자신이 제대로 맞는 토끼를 선택해서 제대로 맞는 토끼굴로 따라 들어온 것일까 싶은 의문이 듭니다.

심지어 당신 앞에서 당신을 애먹이거나 상처주거나 실망시키고 있는 그 사람이 아닌 다른 사람이었다면 더 잘 살 수 있을지 모른다고 생각하거나 정말로 그럴 거라고 믿기도 합니다.

사실 서로에게 진정으로 헌신적인 커플들은 밖으로 한발을 빼지 않습니다. 오로지 이 관계에만 모든 것을 쏟아붓습니다. 한 관계에 모든 것을 겁니다. 힘든 시기가 와도 떠날 것처럼 겁주지 않습니다. 또 이상적인 파트너가 여전히 어딘가에 있을 거라는 생각에 빠져 시간을 낭비하는 일도 없습니다.

그런 환상 속의 상대가 자신이 사랑하고 소중히 여기며 아껴주기로 선택했던 현실 속의 사람보다 함께 살기에 더 수월할 거라거나 자신의 욕구를 더 잘 충족시켜 줄 것이라는 생각에 빠져 있지도 않습니다. 설령 현실 속의 그 사람이 인간적인 결함이 있어도요. 게다가 그들은 관계가 삐거덕거릴 때 다른 누군가에게 자신의 파트너에 대한 불만을 토로하지 않습니다. 파트너에게 직접 속마음을 털어놓습니다.

한 사람과의 관계에 헌신하려면 어느 정도의 취약성을 떠안아야 합니다. 앨리스가 원더랜드에서 맞닥뜨렸던 그 어떤 일보다 훨씬 더 겁날 만한 것을 떠안아야 할지도 모릅니다.

그녀가 내 욕구들을 충족시켜 줄까? 그가 정말로 변함없이 내 곁에 있어 줄까? 그녀가 있는 모습 그대로의 나를 사랑해 줄까, 아니면 나를 바꾸려고 들까? 그녀가 다른 사람들한테 내 욕을 하고 다니면 어쩌지? 그녀가 나를 배신하진 않을까? 내가 병이 나도 그가 나를 사랑으로 보살펴줄까? 그가 나를 떠나진 않을까?

이 모두는 평생 한 사람에게 헌신하기로 결심할 때 생길 만한 지극히 현실적인 두려움입니다. 우리는 사랑에 빠지면 대체로 아주 점잖게 행동합니다. 자신의 가장 바람직한 면을 보여줍니다.

하지만 관계가 진전되면서 서로의 본모습이 더 드러나고 더 투명해지면 그만큼 취약성이 커집니다. 모든 것을 갖춘 완벽한 사람은 없습니다. 겉으로 아무리 빠지는 것 없어 보여도 누구나 별난 버릇이나 불안감을 갖고 있습니다.

바로 이 대목에서 진짜 마법이 벌어집니다. 당신이 더 솔직해질수록 파트너의 진정한 마음이 드러납니다. 파트너가 당신을 처음 사귀면서 보았던 이상적인 모습이 아닌 있는 그대로의 모습으로 사랑하는지 어떤지를 알게 됩니다.

취약성은 신뢰를 낳습니다. 이 신뢰는 당신의 관계가 생존하기 위해 꼭 필요한 산소입니다. 신뢰는 오랫동안 많은 대화를 나누면서 서서히 형성되기도 합니다. 벤과 레아가 그랬고, 앞으로 이 책에서 만나보게 될 이들 또한 그랬습니다.

신뢰는 모든 관계를 돋보이게 해주는 배경입니다. 이것은 두 사람이 서로의 곁에서 힘이 되어주는 모습을 보여주는 소소한 순간에 생겨납니다. 파트너에게 조율해 줄 때, 파트너가 슬픔이나 분노, 혐오감이나 두려움 같은 부정적 감정에 시달릴 때, 설령 그 감정이 당신을 향한 것이더라도 친구이자 같은 편처럼 이야기를 들어주는 그러한 순간에 생겨납니다.

어떤 결정을 내리든 자신의 이득만큼이나 파트너의 이득도 최대화하려 생각해야 합니다. 상호 간 신뢰는 두 사람 모두가 두 사람을 위하는 생각을 하고 있다는 믿음에 달려 있습니다. 단지 자신만을 위한 절충을 해서는 상호 간 신뢰를 형성하지 못합니다. 어떤 선택이든 그에 따라 파트너가 치르게 될 희생도 고려해야 합니다.

사람들은 다양한 방식으로 관계에서의 신뢰를 깨뜨립니다. 그중 가장 흔한 방식은 아래의 10가지입니다.

- 약속한 시간에 맞춰 가지 않기
- 파트너를 우선하지 않기
- 파트너가 다쳤거나 아플 때 옆에 있어 주지 않기
- 가족의 행복에 기여하지 않기(우리보다 나를 앞세우기)
- 약속 지키지 않기
- 비밀 만들기
- 거짓말하기
- 여러 사람 앞에서나 둘만의 자리에서 파트너를 깔아뭉개거나 멸시하기
- 감정적으로나 신체적으로 부정(不貞) 저지르기
- 신체적 폭력

결혼생활을 하거나 관계를 이어가면서 나누는 매일매일의 모든 교류와 말다툼 속에는 다음과 같은 의문이 깔려 있습니다.

- 당신은 나를 소중한 사람으로 생각하긴 하는 거야?
- 내가 당신에게 얼마만큼이나 중요한 사람이야?
- 내가 당신의 삶에서 최우선에 드는 거야?
- 나를 당신이 어떻게 해도 옆에 붙어 있을 사람쯤으로 여기는 거 아냐?
- 나보다 괜찮은 상대가 없나 하면서 두리번거리고 다니는 거 아냐?
- 내가 당신한테 화나 있을 때 나한테 마음을 써주면서 내 속마음에 귀 기울여줄 마음이 있긴 한 거야?

이런 의문에 대한 답을 크고 작은 일을 통해 보여주세요. 하루하루 날마다 마음을 써주며 헌신과 신뢰를 쌓아가세요. 파트너가 가진 긍정적인 면을 소중히 여기고 부정적인 면을 대수롭지 않게 여긴다는 것을 파트너에게 날마다 보여주세요.

신뢰에 관한 서로의 가치관을 얘기해 보세요. 그러면서 행동을 통해 그런 가치관을 존중하려 함께 헌신한다면 두 사람의 관계는 활짝 꽃이 피게 되어 있습니다.

신뢰가 깨졌을 때 회복하는 방법

신뢰에 대한 합의가 깨졌다면 다음의 단계를 거쳐 깨진 신뢰를 바로 잡아 보세요. 이 방법은 크든 작든 깨진 신뢰를 회복할 때 유용하니 한 단계라도 건너뛰어선 안 됩니다.

① 대화를 나눌 구체적인 시간과 장소를 정하세요.

② 탓을 하거나 트집 잡지 않으면서 각자 자신이 신뢰가 깨지는 상황과 이를 겪으며 느낀 감정을 분명하게 짚어서 말하세요.

③ 상대 파트너가 말할 때 의견을 달거나 비판하지 않으면서 잘 들어주세요.

④ 각자가 그 일의 자초지종에 대한 관점을 밝히되 파트너를 탓하거나 트집 잡아서는 안 됩니다. 상대 파트너는 말없이 듣기만 하면서 공감해 주려 노력하세요. 들어주는 쪽은 자신이 말할 차례가 될 때까지 자기 관점을 얘기해선 안 됩니다.

⑤ 이 일로 들게 된 느낌이지만 이 관계를 맺기 오래전에 형성된 그 감정 의 뿌리에 대해 설명하면서 조목조목 짚어보세요. 예를 들어 저녁식 사 데이트 자리에 나오지 않아서 느낀 감정의 뿌리를 얘기하면 됩니 다. 이 일로 어린 시절 느꼈던 방치된 느낌이나 과거의 관계에서 느꼈 던 거절당하거나 배신당한 느낌을 받게 된다는 것을요.

⑥ 각자가 자신이 그런 신뢰를 깨는 데 어떤 원인을 제공했고 어떤 책임 이 있는지에 대해 짚어보세요.

⑦ 서로 사과하고 상대 파트너의 사과도 받아주세요.

⑧ 이런 일이 다시 일어나지 않게 예방할 방법을 생각해 보세요.

이 여덟 번의 데이트 하나하나는 취약성의 실험입니다. 그런 의미에서 부디 이번 첫 데이트를 통해 각자에게 신뢰가 갖는 의미를 놓고 대화를 나누며 서로가 더 가까워지길, 두 사람이 평생토록 이어가길 원하는 관계를 만드는 목표에 더 가까워지길 바랍니다.

서로를 소중히 여겨주기

사실 헌신의 바탕은 자신의 파트너가 어느 누구와도 대체할 수 없는 소중한 사람이라고 생각하고, 그런 생각을 파트너에게 확실히 전해주는 데 있습니다. 소통을 통해서만이 아니라 마음속으로도 파트너와 함께 누리고 있는 것에 감사하는 마음을 키우면 더욱 헌신할 수 있습니다.

어느 누구도 나의 파트너와는 비교조차 안 된다고 생각하면 마음속으로 파트너의 긍정적인 면들을 최대화하고 부정적인 면들을 최소화하게 됩니다. 현실 속이든 상상 속이든 자신의 파트너와 비교될 만한 사람은 아무도 없다고 생각하며 파트너와 의사소통할 때 그런 생각을 확실히 전하게 됩니다.

반면에 자신에게 중요한 자질이 파트너에게 부족하다고 생각해서 파트너를 바꾸려는 식으로 말하다 보면 배신의 마음을 품게 됩니다. 말로 그치지 않고 마음속까지 파트너의 아쉬운 부분에 대한 원망을 키우면 배신의 마음이 점점 커집니다.

파트너와 쉽게 비교 가능한 사람들이 많다고 생각하면서 마음속으로 파트너의 부정적인 면들을 최대화하고 긍정적인 면들을 최소화하게 됩니다. 현실 속이나 상상 속의 파트너와 쉽게 비교합니다. 심지어 파트너보다 더 나은 다른 상대가 얼마든지 있다고 생각하며 파트너와 의사소통할 때 그런 생각을 전하게 됩니다.

다음 페이지에서 파트너를 소중히 여길 수 있는 방법 (백만 개라도 거뜬히 댈 수 있지만 지면의 한계로 아쉽게나마) 99가지를 알려주려 합니다.

|데이트 전 점검하기|**신뢰와 헌신 쌓기**

 **당신은 실제로 파트너를
얼마나 소중히 여기고 있나요?**

지금 당신 앞에 실물 크기로 만든 파트너의 등신대가 있다고 가정해 보세요. 포스트잇에 두 사람이 함께 성취하고 기쁨을 나누었던 모든 일을 적어 그 등신대에 가득 붙인다고 상상해 보세요. 즐거웠던 순간도 좋고 위안이 된 일, 소소한 촌극, 꿈, 좌절의 극복을 적어도 좋습니다. 두 사람이 살아온 이야기와 지금까지 두 사람이 이번 생을 함께 살아오면서 얻은 것들을 생각해 보세요.

이번엔 여기서 제시하는 유도 문장을 읽어보세요. 각 문장은 당신이 파트너를 소중히 여기고 있다고 말해 줄 만한 이유입니다. 모두 '그렇다/아니다'의 단답형으로 이렇게 많은 문장을 실은 데는 이유가 있습니다. 파트너를 소중히 여길 방법에 대해 생각하면 유대의 힘이 키워지기 때문입니다.

또다른 이유는 문장 하나하나가 모두 공감을 일으키지 않을 수도 있기 때문입니다. 공감을 일으키는 문장의 경우에는 (그런 문장이 많기를 바라지만) 당신이 파트너의 그런 면을 소중히 여기고 있다는 점을 파트너에게 알려주세요. 아내를 너무 사랑해서 어느 날 사랑한다고 말할 뻔했던 스웨덴의 어느 농부처럼 되지는 마세요. 파트너를 소중히 여기는 마음을 소리 내어 전하는 것을 (일주일에 한 번쯤) 의식 삼아 해보세요.

이 연습 문장을 다운로드받아 출력하고 싶다면 www.workman.com/eightdates에 방문하세요.

있잖아, 당신이 나에게 소중한 사람인 이유는……

1. 당신이랑 함께 있으면 재미있고 즐거워.

   □ 그렇다 □ 아니다 □ 파트너에게 말해 주기

2. 당신이랑은 웃음 코드가 잘 맞아.

   □ 그렇다 □ 아니다 □ 파트너에게 말해 주기

3. 당신이랑은 여행 취향이 잘 맞아.

   □ 그렇다 □ 아니다 □ 파트너에게 말해 주기

4. 당신은 세상 그 누구와도 바꿀 수 없는 사람이야.

   □ 그렇다 □ 아니다 □ 파트너에게 말해 주기

5. 당신이랑 있으면 서로 위안을 얻을 수 있어서 좋아.

   □ 그렇다 □ 아니다 □ 파트너에게 말해 주기

6. 지금까지 당신이 있어서 함께 금전 문제를 잘 해결해 왔어.

   □ 그렇다 □ 아니다 □ 파트너에게 말해 주기

7. 당신과 함께하면서 서로 진정으로 신뢰하는 법을 배우게 되었어.

   □ 그렇다 □ 아니다 □ 파트너에게 말해 주기

8. 당신은 지금까지 내 개인적 꿈을 응원해 줬잖아.

   □ 그렇다 □ 아니다 □ 파트너에게 말해 주기

9. 당신은 가족의 부양자로서 훌륭한 사람이야.

   □ 그렇다 □ 아니다 □ 파트너에게 말해 주기

10. 그동안 우리가 함께 했던 멋진 모험들이 참 좋았어.

    □ 그렇다 □ 아니다 □ 파트너에게 말해 주기

11. 당신과 장거리 자동차 여행을 떠나면 참 좋아.

    □ 그렇다 □ 아니다 □ 파트너에게 말해 주기

12. 우리는 함께 배우는 걸 즐기잖아.

    □ 그렇다 □ 아니다 □ 파트너에게 말해 주기

13. 당신은 날 잘 알아줘.

    □ 그렇다 □ 아니다 □ 파트너에게 말해 주기

14. 당신이 자연을 체험하는 방식이 정말 좋아.

    □ 그렇다 □ 아니다 □ 파트너에게 말해 주기

15. 우리는 같이 노래 부르는 걸 즐기잖아.

    □ 그렇다 □ 아니다 □ 파트너에게 말해 주기

16. 당신이랑은 다른 사람하고는 절대 못했을 만한 일들을 함께해 왔어.

    □ 그렇다 □ 아니다 □ 파트너에게 말해 주기

17. 당신은 그동안 쭉 믿음직한 사람이었어.

    □ 그렇다 □ 아니다 □ 파트너에게 말해 주기

18. 당신과 나는 상실이나 좌절을 겪은 후에 서로에게 힘이 되어주었어.

    □ 그렇다 □ 아니다 □ 파트너에게 말해 주기

19. 우리는 아이를 함께 키워냈잖아.

    □ 그렇다 □ 아니다 □ 파트너에게 말해 주기

20. 나에게 당신은 금은보화보다 더 귀한 사람이야.

    □ 그렇다 □ 아니다 □ 파트너에게 말해 주기

21. 당신은 신의를 잘 지켜왔어.

    □ 그렇다 □ 아니다 □ 파트너에게 말해 주기

22. 당신은 즉흥적으로 척척 해내는 능력이 정말 좋아.

    □ 그렇다 □ 아니다 □ 파트너에게 말해 주기

23. 당신과 있으면 배우는 게 참 많아.

□ 그렇다 □ 아니다 □ 파트너에게 말해 주기

24. 당신은 내 여러 단점에도 아랑곳없이 나를 포용해 주는 좋은 사람이야.

□ 그렇다 □ 아니다 □ 파트너에게 말해 주기

25. 당신은 내 개인적 목표들을 이해해 주었어.

□ 그렇다 □ 아니다 □ 파트너에게 말해 주기

26. 당신과 함께 음악 연주를 하면 아주 잘 맞아.

□ 그렇다 □ 아니다 □ 파트너에게 말해 주기

27. 당신의 지혜를 존경해.

□ 그렇다 □ 아니다 □ 파트너에게 말해 주기

28. 우리는 한 팀으로 아주 잘해왔어.

□ 그렇다 □ 아니다 □ 파트너에게 말해 주기

29. 당신은 손님이 오면 반갑게 맞아주어서 정말 좋더라.

□ 그렇다 □ 아니다 □ 파트너에게 말해 주기

30. 당신은 체계적이고 효율적으로 일을 처리할 줄 알아서 정말 좋아.

□ 그렇다 □ 아니다 □ 파트너에게 말해 주기

31. 당신이랑 나는 즐겨듣는 음악의 취향이 서로 잘 통해.

□ 그렇다 □ 아니다 □ 파트너에게 말해 주기

32. 다재다능한 능력을 가진 당신이 존경스러워.

□ 그렇다 □ 아니다 □ 파트너에게 말해 주기

33. 당신은 그동안 내 친척들에게 애정을 가져주었고 도움을 주기도 했어.

□ 그렇다 □ 아니다 □ 파트너에게 말해 주기

34. 가끔씩 용기 있게 나서는 당신을 보면 존경스러워.

☐ 그렇다 ☐ 아니다 ☐ 파트너에게 말해 주기

35. 당신의 가치관이 존경스러워.

☐ 그렇다 ☐ 아니다 ☐ 파트너에게 말해 주기

36. 당신은 내 유머감각에 공감해 줘.

☐ 그렇다 ☐ 아니다 ☐ 파트너에게 말해 주기

37. 당신은 누가 날 공격하면 내 편에 서서 맞서줘.

☐ 그렇다 ☐ 아니다 ☐ 파트너에게 말해 주기

38. 우리는 잠자리 궁합이 잘 맞아.

☐ 그렇다 ☐ 아니다 ☐ 파트너에게 말해 주기

39. 당신은 언제 봐도 멋져 보여.

☐ 그렇다 ☐ 아니다 ☐ 파트너에게 말해 주기

40. 내가 기분이 처져 있을 때 당신이 나를 감싸주는 게 정말 고마워.

☐ 그렇다 ☐ 아니다 ☐ 파트너에게 말해 주기

41. 당신은 위기에 빠질 때 정말로 믿고 기댈 수 있는 사람이야.

☐ 그렇다 ☐ 아니다 ☐ 파트너에게 말해 주기

42. 우리는 반려동물을 좋아하는 취향이 같아.

☐ 그렇다 ☐ 아니다 ☐ 파트너에게 말해 주기

43. 우리는 서로 반했잖아.

☐ 그렇다 ☐ 아니다 ☐ 파트너에게 말해 주기

44. 당신하고 있으면 안심이 돼.

☐ 그렇다 ☐ 아니다 ☐ 파트너에게 말해 주기

45. 우리는 둘 다 아이를 좋아해.

☐ 그렇다 ☐ 아니다 ☐ 파트너에게 말해 주기

46. 당신은 사람이 참 다정해.

☐ 그렇다 ☐ 아니다 ☐ 파트너에게 말해 주기

47. 당신은 내 잘못을 용서해 준 너그러운 사람이야.

☐ 그렇다 ☐ 아니다 ☐ 파트너에게 말해 주기

48. 우리는 어려움에 처한 친구를 함께 도와주었어.

☐ 그렇다 ☐ 아니다 ☐ 파트너에게 말해 주기

49. 당신은 로맨틱해서 참 좋아.

☐ 그렇다 ☐ 아니다 ☐ 파트너에게 말해 주기

50. 나에게 당신은 정말로 매력적인 사람이야.

☐ 그렇다 ☐ 아니다 ☐ 파트너에게 말해 주기

51. 나는 당신의 사고방식이 참 좋아.

☐ 그렇다 ☐ 아니다 ☐ 파트너에게 말해 주기

52. 당신은 마음이 너그러워.

☐ 그렇다 ☐ 아니다 ☐ 파트너에게 말해 주기

53. 그동안 우리는 큰 갈등도 잘 해결해 왔잖아.

☐ 그렇다 ☐ 아니다 ☐ 파트너에게 말해 주기

54. 우리는 같이 한 친척을 돌보며 힘든 일을 나누었잖아.

☐ 그렇다 ☐ 아니다 ☐ 파트너에게 말해 주기

55. 당신이 친구를 대하는 태도를 보면 존경스러워.

☐ 그렇다 ☐ 아니다 ☐ 파트너에게 말해 주기

56. 당신이 나를 사랑하고 배려해 준다는 걸 느꼈어.

    □ 그렇다 □ 아니다 □ 파트너에게 말해 주기

57. 당신은 샤워할 때 보면 정말 사랑스러워.

    □ 그렇다 □ 아니다 □ 파트너에게 말해 주기

58. 이렇게 위안과 평안이 깃든 가정을 꾸리게 된 건 당신 덕분이야.

    □ 그렇다 □ 아니다 □ 파트너에게 말해 주기

59. 당신은 속이 깊은 사람이야.

    □ 그렇다 □ 아니다 □ 파트너에게 말해 주기

60. 당신과 함께하면서 비슷한 윤리적 가치를 키우게 되었어.

    □ 그렇다 □ 아니다 □ 파트너에게 말해 주기

61. 당신은 우리 어머니를 사랑해 줬어.

    □ 그렇다 □ 아니다 □ 파트너에게 말해 주기

62. 당신은 내가 기죽어 있을 때 위안을 주었어.

    □ 그렇다 □ 아니다 □ 파트너에게 말해 주기

63. 우리가 함께했던 몇 번의 로맨틱한 여행과 데이트는 소중한 추억이야.

    □ 그렇다 □ 아니다 □ 파트너에게 말해 주기

64. 우리는 서로 가치와 신념이 잘 맞아.

    □ 그렇다 □ 아니다 □ 파트너에게 말해 주기

65. 당신의 지성이 존경스러워.

    □ 그렇다 □ 아니다 □ 파트너에게 말해 주기

66. 당신은 내가 경쟁자들과 맞설 때면 뒤에서 나를 응원해 줬어.

    □ 그렇다 □ 아니다 □ 파트너에게 말해 주기

67. 때때로 내 말을 잘 들어주는 당신이 너무 좋아.

☐ 그렇다 ☐ 아니다 ☐ 파트너에게 말해 주기

68. 당신은 부모로서 훌륭한 사람이야.

☐ 그렇다 ☐ 아니다 ☐ 파트너에게 말해 주기

69. 당신은 내가 아팠을 때 잘 보살펴줬어.

☐ 그렇다 ☐ 아니다 ☐ 파트너에게 말해 주기

70. 당신은 내가 심각한 회의에 빠졌을 때 나를 격려해 줬어.

☐ 그렇다 ☐ 아니다 ☐ 파트너에게 말해 주기

71. 당신은 그동안 쭉 나의 개인적 목표를 지지해 줬어.

☐ 그렇다 ☐ 아니다 ☐ 파트너에게 말해 주기

72. 당신은 거만을 떨지 않아서 참 좋아.

☐ 그렇다 ☐ 아니다 ☐ 파트너에게 말해 주기

73. 당신은 누가 사람들 앞에서 내 흉을 보면 내 편을 들어주잖아.

☐ 그렇다 ☐ 아니다 ☐ 파트너에게 말해 주기

74. 우리는 함께 아이를 낳은 사이야.

☐ 그렇다 ☐ 아니다 ☐ 파트너에게 말해 주기

75. 우리는 함께 가정을 꾸린 사이잖아.

☐ 그렇다 ☐ 아니다 ☐ 파트너에게 말해 주기

76. 우리는 공유하는 삶의 목표가 많잖아.

☐ 그렇다 ☐ 아니다 ☐ 파트너에게 말해 주기

77. 당신이 허세 떠는 속물이 아니라는 사실에 감사해.

☐ 그렇다 ☐ 아니다 ☐ 파트너에게 말해 주기

78. 나는 당신에게 아주 매력을 느껴.

□ 그렇다 □ 아니다 □ 파트너에게 말해 주기

79. 당신과 나는 오랜 시간을 함께해 왔어.

□ 그렇다 □ 아니다 □ 파트너에게 말해 주기

80. 우리는 커뮤니티를 개설해서 어려움을 함께 헤쳐왔어.

□ 그렇다 □ 아니다 □ 파트너에게 말해 주기

81. 당신이 자랑스럽게 여길 수 있는 사람인 게 감사해.

□ 그렇다 □ 아니다 □ 파트너에게 말해 주기

82. 우리는 역경을 함께 극복해 냈어.

□ 그렇다 □ 아니다 □ 파트너에게 말해 주기

83. 당신과 있으면 진정한 내가 될 수 있어서 감사해.

□ 그렇다 □ 아니다 □ 파트너에게 말해 주기

84. 당신은 늘 내가 더욱 발전하도록 힘을 북돋워줘.

□ 그렇다 □ 아니다 □ 파트너에게 말해 주기

85. 나는 당신이 잘 모르는 사람들에게도 친절한 게 참 좋아.

□ 그렇다 □ 아니다 □ 파트너에게 말해 주기

86. 당신은 내가 마음 아파할 줄 아는 사람이 되게 도와줘서 좋아.

□ 그렇다 □ 아니다 □ 파트너에게 말해 주기

87. 당신과 함께 기도했던 순간들이 정말 감사해.

□ 그렇다 □ 아니다 □ 파트너에게 말해 주기

88. 당신과 함께라면 어떤 혼란이든 다 헤쳐 나갈 수 있을 것 같아.

□ 그렇다 □ 아니다 □ 파트너에게 말해 주기

89. 마음이 울적할 때는 언제든 당신에게 얘기할 수 있다는 게 감사해.

□ 그렇다 □ 아니다 □ 파트너에게 말해 주기

90. 난 당신의 솔직함이 참 좋아.

□ 그렇다 □ 아니다 □ 파트너에게 말해 주기

91. 나는 당신이 열심히 노력하는 모습을 보면 존경스러워.

□ 그렇다 □ 아니다 □ 파트너에게 말해 주기

92. 나는 당신이 스스로를 자조할 줄 아는 사람인 게 참 좋더라.

□ 그렇다 □ 아니다 □ 파트너에게 말해 주기

93. 우리는 그동안 여러 가지 성공을 함께 축하해 왔잖아.

□ 그렇다 □ 아니다 □ 파트너에게 말해 주기

94. 당신은 내 베스트프렌드 중 한 사람이야.

□ 그렇다 □ 아니다 □ 파트너에게 말해 주기

95. 당신은 허식이 하나도 없어서 정말 좋아.

□ 그렇다 □ 아니다 □ 파트너에게 말해 주기

96. 당신은 내가 길을 잃은 것 같을 때마다 길을 찾도록 힘이 되어주었어.

□ 그렇다 □ 아니다 □ 파트너에게 말해 주기

97. 당신과의 정신적 유대가 참 좋아.

□ 그렇다 □ 아니다 □ 파트너에게 말해 주기

98. 당신은 내가 나약한 기분에 빠져 있을 때면 강인한 모습을 보여주었어.

□ 그렇다 □ 아니다 □ 파트너에게 말해 주기

99. 나는 우리가 함께 이뤄낸 삶의 성과가 충분히 자부심을 느낄 만하다고 생각해.

□ 그렇다 □ 아니다 □ 파트너에게 말해 주기

┃데이트 실전┃ **신뢰와 헌신 쌓기**

대화의 주제

우리 관계에서 신뢰와 헌신은 어떤 모습일까? 어떻게 하면 서로에게 안심이 들까? 신뢰와 헌신의 문제에서 우리의 합의점은 어디일까?

마음가짐

이번 장을 읽으면서 특히 공감이 가는 부분을 메모해 두세요. 당신에게 신뢰와 헌신이 의미하는 바를 명확히 짚어보세요. 자라난 가정환경에 비춰볼 때 무엇이 신뢰와 헌신인지를 생각해 보세요. 당신과 파트너가 서로에게 헌신을 보여줄 소소한 방법을 정해보세요.

데이트법

한 파트너가 단독으로 이번 데이트를 주관해 보세요. 이 특별한 데이트 준비를 누구에게 믿고 맡길지 함께 결정하거나 동전 던지기로 정해보세요. 파트너를 놀라게 할 만한 데이트 장소를 잡아보세요. 진심으로 관계를 발전시키고 싶다면 파트너의 눈을 가려서 도보나 자동차로 당신이 정한 그 데이트 장소로 데려가 보세요.

데이트 장소

경관이 근사한 높은 곳을 찾아보세요. 고층 빌딩, 다리, 언덕 같은 곳이 적당할 테지요. 당신과 파트너가 앉아서 열린 질문을 나눌 만한 벤치처럼 편안한 공간이 마련되어 있다면 이상적입니다. 되도록 이면 첫 데이트 장소는 두 사람의 러브스토리에서 의미를 갖는 곳이 좋습니다. 벤과 레아라면 처음 만났던 계단의 꼭대기가 좋은 데이트 장소가 될 것입니다.

멋지거나 평화로운 곳인지도 확인하세요. 이번 첫 데이트 장소를 어디로 정하든 계획을 세우기로 한 파트너는 서로 솔직한 대화를 나눌 만한 조용한 곳을 고르도록 하세요. 이번 데이트의 대화는 취약성이 있는 주제이니 만큼 마음 놓고 솔직히 이야기할 만한 분위기가 갖추어져야 합니다.

집 데이트: 이번 데이트를 집에서 하기로 결정했다면 좋은 아이디어를 소개해 주고 싶습니다. 두 사람이 서로 돌아가면서 눈을 가리고 상대방이 이끌어주는 대로 집안을 돌아보세요. 명확한 의사소통을 연습할 좋은 기회로 삼아보세요. '이제 문을 지나갈 거야' '이쪽으로 한 발짝 올라와 봐'처럼요.

각자 안내받는 파트너를 챙겨주는 연습과 안내해 주는 파트너를 믿는 연습을 해보세요.

챙겨갈 것

이번 장을 읽고 연습하면서 열린 마음을 갖고 신뢰와 헌신에 대해 어떤 생각이 화제로 나오든 논의할 마음의 준비를 하세요.

이번 대화를 나누기 전에 다음 페이지의 '문제 해결'을 읽어두길 당부합니다. 신뢰는 특히 대화의 물꼬를 트는 역할을 할 수도 있는 만큼 먼저 합의할 기본 원칙이 몇 가지 있습니다.

주의사항

- 끝까지 파트너에게 마음의 문을 닫지 마세요.
- 화제를 바꿔 예전에 두 사람 사이의 신뢰가 깨졌던 일을 탓하거나 추궁하지 마세요. 괜히 불안감을 자극하지 마세요.
- 파트너에게 신뢰와 헌신에 대해 가진 본인의 그 믿음이 중요하고 의미 있는 이유를 물어보세요.
- 당신의 욕구에 대해 솔직하세요.
- 신뢰, 신의, 헌신의 문제에 관한 당신의 믿음을 파트너에게 강요하려 들지 마세요.
- 서로의 차이를 서로에 대해 더 많이 배우며 신뢰와 헌신의 가치 체계에 공감대를 형성할 기회로 여기세요.
- 비난하거나 트집을 잡지 마세요.

열린 질문

서로에게 다음 질문을 해보세요(여기에 실린 질문들은 추천 예시일 뿐이니 두 사람의 관계에 맞춰 자연스럽고 가장 적합한 표현으로 자유롭게 바꿔서 질문해 보세요).

연구에 참여해 이 데이트를 가졌던 커플들은 모두들 여기에 적힌 질문들을 활용하기로 선택했지만 자유롭게 독자적인 질문을 추가해 보세요.

- 당신 부모님은 서로 어떻게 헌신하셨어? 두 분은 서로에게 헌신이 부족하다는 것을 어떻게 드러내셨어? 당신 생각엔, 당신 가정사에

서의 그런 일들이 우리 둘의 사이에서 어떤 의미를 띠는 것 같아?

- 당신에게 신뢰란 뭘 의미해?

- 나에게 신뢰가 안 갔던 경우를 얘기해 줘. 내가 어떻게 했어야 그 런 상황을 바로잡을 수 있었을까?

- 내가 뭘 해줘야 나에 대한 신뢰가 확 커질 것 같아?

- 내가 우리 관계에 헌신하고 있다는 것을 보여주기 위해 뭘 해줬으 면 좋겠어?

- 우리가 서로 간에 신뢰를 쌓으려면 어떤 부분에서 더 노력이 필요 할까?

- 신뢰와 헌신의 문제에서 우리의 어느 부분이 비슷하고 어느 부분 이 다를까? 이런 차이를 인정해 주려면 어떻게 하는 게 좋을까?

함께할 미래를 위한 맹세

서로 돌아가며 다음의 맹세를 소리 내서 읽으세요. 읊을 때는 계속 눈을 맞춰주세요.

매일매일 당신을 선택하면서
우리 관계가 우선순위라는 것을 보여주겠다고 맹세합니다.
앞으로 일곱 번의 데이트를 더 이어가며
대화를 할 것을 맹세합니다.

| 스피드 데이팅 | 신뢰와 헌신 쌓기

신뢰란 서로를 소중히 여기면서 파트너에게 당신이 믿어도 될 만한 사람임을 보여주는 것입니다. 매일매일의 헌신으로 신뢰를 쌓아가려면 다음처럼 해보세요.

- 이 관계에 마음을 다해 노력하세요.
- 결혼생활에 신뢰가 깨지게 할 여지가 있는 다른 상대와의 가능성을 거부하세요. 신뢰에 금이 가지 않도록 배우자 외의 모든 관계에서 선을 지키세요.
- 문제가 생겼을 땐 다른 누군가에게 불만을 토로하기보단 파트너에게 당신의 감정과 욕구를 직접 털어놓으세요.
- 흠이 있더라도 파트너를 있는 모습 그대로 인정해 주세요.
- 현재 누리는 것을 소중히 여기며 감사하는 마음을 키우세요.
- 관계를 끝낼 것처럼 겁주지 마세요.
- 파트너의 고통을 자신의 고통만큼, 혹은 자신의 고통보다 더 마음 써주세요.

다음과 같은 일은 관계에서 신뢰를 깨는 흔한 사례입니다.

- 파트너를 우선순위에 두지 않기
- 약속 지키지 않기
- 파트너가 다쳤거나 아플 때 곁에서 챙겨주지 않기
- 거짓말, 비밀 만들기, 불륜

다음은 신뢰, 신의, 헌신의 문제에서 서로에게 물어볼 만한 중요한 질문입니다.

- 당신을 믿어도 돼?

- 당신이 필요할 때 내 곁에 있어 줄 거야?

- 나를 배신하지 않을 거야?

- 내가 아플 때 곁에 있어 줄 거야?

- 당신에게 나는 얼마나 중요한 사람이야?

두 번째 데이트

우리는
서로 얼마나 다를까?

갈등 관리

웨슬리와 마리는 2년 동안 동거하다가 결혼했습니다. 결혼 2년차로 막 들어섰을 때 두 사람은 갈등의 문제를 얘기해 보기로 마음먹었습니다. 여전히 신혼이라고 여기던 시기였습니다.

"우리는 말다툼을 벌인 적이 없어요. 절대 안 싸워요. 세상에 둘도 없는 친구처럼 서로 잘 지내고 있고 아무리 생각해도 싸운 적이 단 한 번도 없었어요."

마리가 얘기했습니다. 두 사람은 이번 데이트를 통해 갈등에 대해 몰랐던 것을 알게 되었다고 합니다.

마리의 말처럼 '더없는 행복'으로 통하는, 결혼생활 중의 이런 평온함은 사실 갈등을 피하면서 얻는 것일 뿐입니다. 갈등은 일어나게 마련입니다. 그런데 훌륭한 결혼생활에 대한 잘못된 통념은 부부싸움을 하거나 힘들거나 불편한 문제로 티격태격하는 일이 없으면 그것이 곧 '좋은' 관계라고 여기는 것입니다.

결혼은 단지 두 사람의 결합이 아닙니다. 서로 다른 습관, 성격, 신념체계, 별난 버릇 들이 결합하는 것이기도 합니다. 그런데 갈등이 없는 것이 곧 관계의 성공을 상징한다고 여긴 채 장기적 관계로 들어선다면 좌절과 실패를 자초하는 격입니다.

이 부부에게는 서로 잘 안 맞아 보이는 갈등거리가 하나 있었습니다. 웨슬리는 TV를 켜놓고 잠드는 걸 좋아했는데 마리는 아니었습니다. 마리는 조용한 걸 더 좋아해서 TV가 꺼져 있어야 금방 잠이 들 수 있었습니다. 그래서 매일 밤마다 웨슬리가 잠들고 난 후에 TV를 끄고 나서야 잠을 잘 수 있었습니다.

마리는 가끔 그 문제를 거론했지만 그 문제로 자신이 얼마나 괴로운지를 제대로 털어놓은 적은 없었습니다. 하지만 직장을 옮기면서 더 일찍 일어나야 하는 상황이 되자 웨슬리의 잠버릇이 점점 이기적으로 느껴지면서 짜증스러워졌습니다.

밤마다 잠들지 못하고 누워 있으면 담보대출금의 절반을 자신이 갚았고, 남편과 같이 쓰는 새 침대도 자신의 돈으로 샀는데 정작 남편의 세계에서 자신은 손님 같다는 생각이 들어 속상했습니다. 그렇게 점점 화가 나고 원망이 쌓여갔는데도 마리는 그런 마음을 한마디도 내비치지 않았습니다.

급기야 웨슬리와 결혼한 게 잘한 결정이었는지 의구심마저 들기 시작했습니다. 남편은 매번 자기 생각대로 하는데 자신만 희생하고 양보하며 살고 있다는 생각이 들었습니다. 앞으로 60년을 이런 식으로 살게 되면 어쩌나 싶어 막막하기도 했습니다.

웨슬리는 마리가 점점 신경질과 짜증이 늘고 있다는 생각이 슬슬 들었습니다. 마리와 결혼한 이유 중 하나는 세상없이 다정한 성격과 만날 때면 늘 웃는 얼굴로 맞아주던 모습 때문이었습니다. 또 마리를 웃기는 걸 좋아했지만 아내는 점점 자신의 농담과 유머에 냉담한 반응을 보였습니다. 마리가 무슨 일로 괴로워하는지를 전혀 몰랐고 무슨 문제가 있느냐고 물어도 다 괜찮다는 대답만 듣기 일쑤였습니다.

웨슬리는 자신이 잘못된 선택을 한 게 아닐까 싶어졌습니다. 자신이 결혼한 유쾌하고 어여쁜 여자는 어디로 가버리고 자기 앞에 돌처럼 무표정하고 낯선 여자가 와 있는 것 같아 혼란스러웠습니다.

참다못한 웨슬리는 마리에게 직접 따졌습니다. 대체 문제가 무엇이고 왜 그렇게 자신에게 모질게 대하는지 말해 달라고 했습니다. 마리는 그 말에 충격을 받았습니다. 자신의 생각엔 모질게 대하는 건 자신이 아니라 남편이었고, 남편은 이기적인 사람이었으니까요. 마리는 그제야 자신이 오랫동안 괴로워했던 문제를 털어놓은 후 울컥 울음을 터뜨리며 말했습니다.

"이제 우린 끝난 것 같아."

웨슬리는 충격으로 어안이 벙벙했습니다. 그래서 자신의 어린 시절 얘기를 꺼냈습니다. 두 개의 일을 병행하며 바빴던 한부모 엄마 밑에서 크며 거의 언제나 혼자였던 자신에겐 TV가 전부였다고요.

"한번은 우리 집에 강도가 들어 TV를 훔쳐가는 바람에 나에겐 아무것도 없게 되었어. 어찌나 처참하던지. 정말 외롭고 처참했어."

마리는 처음 듣는 그 얘기에 어린 시절의 남편에게 공감되면서 마음이 열렸습니다. 웨슬리가 이번엔 아내에게 물었습니다.

"그런데 우리 사이가 끝나다니, 왜 그렇게 생각해? 그냥 TV 문제잖아. 해결할 수 있는 문제라고."

알고 보니 마리가 웨슬리와 싸운 적이 없었던 이유는 갈등을 무조건적으로 두려워했던 탓이었습니다. 마리는 어린 시절에 부모님이 부부 싸움하는 소릴 들은 적은 없었습니다. 그러나 마리의 엄마는 문제가 생길 때마다 1남2녀인 남매를 불러 모아 집을 나와 호텔에서 지냈습니다.

그때가 한밤중이든 다음날 학교에 등교해야 하는 때이든 상관없었습니다. 마리의 엄마는 부랴부랴 아이들을 모두 차에 태운 후 제일 가까운 호텔로 가서 휴가 온 것처럼 지냈습니다. 그렇게 며칠을 지내고 집에 돌아오면 아무도 왜 집을 나갔는지, 왜 다시 돌아왔는지에 대해서 말하지 않았습니다.

그러다 딱 한 번 부모님이 악쓰는 소리를 들은 직후에 두 분이 이혼하기로 했다는 말을 들었습니다. 마리가 고등학교에 다닐 무렵 엄마는 싱글로 지내며 데이트를 했습니다. 그러다 집 전화번호를 바꾸는 식으로 남자친구와 헤어지곤 했습니다. 마리는 본인도 모르는 사이에 갈등은 무조건 피해야 하며, 싸움을 벌이게 되면 그것은 곧 관계의 끝이라는 인식을 내재화했습니다.

웨슬리와 마리는 이 대화를 통해 관계에 획기적인 전환점을 맞았습니다. 마리의 경우엔 의견 차이가 있다는 것과 그 의견 차이를 놓고 대화를 나눌 수 있다는 것 자체가 기적이나 다름없었습니다. 또한 의견 차이로 두 사람의 관계가 끝나지 않았습니다. 오히려 서로서로 어린 시절 이야기를 공유하고 나니 그 어느 때보다 더 깊은 친밀감이 생기기도 했습니다.

"저희 관계는 다음 단계로 올라섰어요. 더 진실된 관계로 느껴지게 되었어요. 이제 저는 갈등이 생기길 기대할 지경이에요. 갈등이 생길 때마다 서로에 대한 새로운 것을 이해하면서 갈등을 풀고 그러고 나면 점점 더 가까워지는 느낌이 드니까요. 저는 괜히 싸울거리를 찾아다니진 않지만 더 이상 싸움을 피해 달아나지도 않아요. 함께 힘든 시간을 헤쳐 나갈 때의 느낌이 너무 좋아요. 그것이 바로 관계의 본질이라고 봐요. 의견 차이가 있을 때도 저희 둘은 여전히 같은 팀이 되어 서로를 이해하고 문제를 해결할 방법을 찾으려고 노력해요."

이제 TV 문제는 부부가 리모컨으로 타이머 설정을 해서 20분 후에 꺼지도록 한답니다.

이번 데이트를 시작했던 커플의 대다수는 웨슬리와 마리처럼 이 데이트를 활용해 서로의 차이를 짚어보며 이를 이해하고 인정해 주기 위해 노력했습니다. 서로의 얘기를 잘 들어주는 것은 의견 차이를 헤쳐 나가는 효과적인 방법입니다.

관계를 이해하려면 갈등도 필요하다

갈등 문제로 대화를 나눈다는 게 이상하게 느껴질 수도 있습니다. 갈등을 다룰 방법을 논의하기 위한 최적의 시간은 말다툼을 벌이는 중일 때가 아닙니다.

관계에서 갈등은 자연스러운 일이며 나름의 목적이 있습니다. 갈등에 목적이라는 것 자체가 있냐고 어리둥절해 할 독자도 있을 겁니다. 갈등은 쓸데없고 해로운 것이라고 생각하는 사람들이 많지만 그렇지 않습니다.

갈등은 꼭 필요합니다. 관계를 이어가다 보면 필연적으로 서로를 사랑하는 능력을 조종하다가 과속방지턱에 부딪히게 마련이기 때문입니다. 그리고 이렇게 과속방지턱에 부딪히면 속도를 줄이고 조심스럽게 지나가야 합니다.

서로를 이해하기 : 모든 갈등의 가장 건전하고 가장 생산적인 목적입니다.

의외의 얘기로 들릴 테지만 갈등의 목적은 이기거나 상대에게 납득시키는 것이 아닙니다. 심지어 서로 똑같아지는 것도 아닙니다. 타협할 때는 서로 유연성을 발휘할 수 있는 부분뿐만 아니라 서로의 가장 중요한 욕구도 이해해야 합니다. 하지만 그 목적은 서로 똑같아지는 것이 아니라 서로를 이해하는 데 있습니다.

마리와 웨슬리가 깨달았듯, 갈등을 다루다 보면 서로를 더 사랑하게 되고, 더 깊이 있게 이해하며, 새로운 마음으로 다시 관계에 헌신하게 됩니다. 소통에 완벽한 사람은 아무도 없습니다. 결혼생활 상담치료사들이나 결혼한 지 수십 년 된 이들이라고 해도 예외 없습니다.

모든 관계에는 일련의 문제가 수반되게 마련입니다. 사람은 누구나 독자적이고 서로서로 다릅니다. 그러니 상대 파트너가 누가 되든 일련의 문제가 생길 수밖에 없습니다. 실제로 부부간의 문제로 이혼한 후 재혼했는데 전과 비슷한 문제나 새로운 문제가 생겼다고 하소연하는 부부의 사례들이 정말 많습니다.

우리의 문제들 가운데 상당수는 우리를 따라다니며 관계를 맺을 때마다 다시 고개를 듭니다. 마침내 해당 문제를 사실 그대로 인식하고 적절히 다룰 줄 알게 될 때까지요. 문제의 유발에 큰 영향을 미치는 화근은 우리의 문제들이 모두 해결 가능하다는 오해입니다. 우리의 연구에서 입증된 바에 따르면 커플들의 잦은 말다툼거리의 사례 가운데 69퍼센트는 이른바 항구적인 문제입니다.

다시 말해 항구적인 문제라는 것은 절대 해결이 안 될 문제라는 얘깁니다. 관계는 당신이 감내할 줄 알게 된 항구적인 문제를 많이 갖게 될수록 그만큼 순탄해집니다. 그리고 이런 갈등 안에는, 그러니까 평생 해결 못할 것 같은 문제 안에는 성장하고 친밀해지는 데 더없이 좋은 기회들이 내재되어 있습니다.

이런 문제의 근원을 발견하면 파트너의 신뢰 체계나 성격의 중요한 근간을 발견하게 됩니다. '프롤로그'에서도 얘기했듯 관계의 파탄 요인이 될 만한 갈등들은 있게 마련입니다. 예를 들어 한쪽은 아이를 갖고 싶어 하는데 다른 쪽은 아니거나, 한쪽이 약물 남용이나 중독 문제의 치료를 거부하는 경우 등이죠. 하지만 대체로 문제는 항구적인 문제(해결이 불가능해서 평생 해결이 안 될 문제)이거나 해결 가능한 문제이거나 둘 중 하나입니다.

해결 가능한 문제 : 상황적인 문제입니다. 집안일 하기, 금요일마다 누가 아이들을 차로 데려오거나 휴가를 어디로 갈지 등을 놓고 벌어지는 말다툼이 여기에 해당됩니다. 이런 갈등에는 화두가 있고 각자의 입장 이면에 더 깊이 내재된 의미는 없습니다.

예를 들자면 남편이 소변 본 후 변기 커버를 내리지 않고 나와서 아내가 그것도 모른 채 차가운 변기에 앉게 되는 일로 질색하는 것은 짜증스러운 일일 뿐입니다. 남편이 변기 커버를 내리지 않고 나오는 상황에서 변기 커버가 내려져 있길 바라는 아내의 입장에 더 깊이 내재된 의미는 없습니다.

해결 가능한 문제에는 해결책이 있고 이 해결책은 지속 가능합니다. 집안일을 분담하고, 아이들을 태워올 시간을 내고, 각자 휴가지를 고르는 등으로 해결하면 됩니다. 물론 해결 가능하다고 해서 노력 없이 저절로 해결되는 것은 아닙니다. 이를 위해 서로 합의한 점을 지키기 위한 노력과 행동이 필요합니다.

항구적인 문제 : 두 사람의 성격이나 라이프스타일의 근본적 차이에 따른 문제입니다. 이런 문제의 갈등은 되풀이되어 불거집니다. 기본 욕구, 시간 엄수, 정리정돈, 혼자 있거나 함께 어울리는 시간, 크리스마스를 즐기는 방식의 차이, 시가나 처가 가족과 어울리는 방식 등이 여기에 해당됩니다.

남편은 한가롭게 동네를 돌고 오는 산책을 좋아하는데 아내는 건강을 유지하려면 피트니스 센터에 등록해야 한다고 여긴다면 운동 방식에서 근본적인 차이가 날 수도 있습니다. 서로의 성격이나 라이프스타일의 차이는 해결할 수 없습니다. 해결하려 시도해서도 안 됩니다.

항구적인 문제를 있는 그대로 인식하면 서로의 차이점을 인정하고 존중해 주게 됩니다. 특히 이 문제에 관한 한 갈등을 다루는 핵심은 파트너를 있는 그대로 인정해 주는 일입니다. 바꿀 수 없는 부분을 인정하면 서로를 인정하게 됩니다. 파트너를 있는 그대로 인정해 주면 파트너도 당신을 있는 그대로 인정해 주게 마련입니다. 서로의 차이를 즐기고 서로의 차이를 보면서 배우세요.

갈등보다 심각한 것

아무도 어찌할 도리 없이 꽉 막힌 듯한 기분을 좋아하지 않습니다. 항구적인 문제를 놓고 갈등이 되풀이되다 보면 바로 이런 기분에 빠지기 쉽습니다. 나아지는 건 하나도 없이 똑같은 얘기와 말다툼을 하고 또 하면 그때는 항구적인 문제가 교착상태에 빠진 것입니다.

이런 식의 말다툼은 두 사람 중 한쪽이나 양쪽에게 거부당한 느낌이 들게 하고 상처를 남깁니다. 급기야는 파트너를 원수처럼 여기기도 합니다. 마리 역시 언젠가부터 속으로 혼자 웨슬리를 욕하게 되었습니다. 그러면서 TV를 켜놓고 자는 웨슬리의 잠버릇을 모든 면에서 극심한 이기주의를 드러내는 상징으로 여겼습니다.

지금 서로가 대립하고 격해지고 양보하지 않으려 더 기를 쓰고 있는 상태라면 교착상태에 빠진 것입니다. 그러다간 두 사람 사이에 감정의 골이 생기고 맙니다. 관계를 파탄 내는 진짜 원흉은 대개 분노나 말다툼이나 갈등이 아니라 서로의 사이에 벌려놓은 감정의 골입니다.

교착상태에 빠진 갈등에 대해서는 서로의 꿈을 성취하기에 대해 다루는 마지막 장에서 얘기를 이어가려 합니다. 예외 없이 교착상태에 빠진 갈등을 파헤쳐 보면 해당 문제에 대한 서로의 입장에 따른 갈망과 꿈이 자리하고 있기 때문입니다. 내면에 묻힌 채 알아봐 주길 기다리고 있는 꿈이 꼭 있습니다.

파트너를 더 잘 알기 위한 방법으로 접근하면 갈등은 파트너와 더 가까워지는 계기가 됩니다. 진심으로 파트너의 입장을 이해하려 한다면 어떤 의견 차이를 통해서든 더 깊은 친밀감과 더 강한 관계를 키울 수 있습니다. 파트너가 화를 내면 방어적 자세로 되받아치지 말고 아직 충족되지 못한 열망이나 희망이 뭔지를 곰곰이 생각해 보거나 파트너에게 물어보세요.

어떤 문제로 말다툼을 벌이든 당신이 파트너를 사랑하고 인정하는 마음을 전할 수 있다면, 심지어 파트너와의 의견 차이가 심하더라도 두 사람의 관계와 결혼생활은 끄떡없이 지속될 뿐만 아니라 더 좋아질 수도 있습니다. 결혼생활 수십 년 차인 부부들은 배우자의 단점, 별난 버릇, 성격 차이에 절망하기보다 재미있게 바라볼 줄 알게 됩니다. 누군가를 진심으로 사랑하면 그 사람의 모든 것을 사랑하고 있는 모습 그대로 인정해 줍니다.

정정당당하게 싸우며 만회하기

이 장 마지막에 있는 '데이트 전 점검하기'를 실행해 본 수많은 커플 중 서로에게 열린 질문을 주고받다가 싸우게 된 커플은 딱 한 쌍이었습니다. 물론 갈등을 말로 풀려다 오히려 갈등을 유발한 경우이지만 한 쌍의 커플만 그랬을 뿐입니다. 그래도 혹시 이번 데이트나 다른 데이트에서 그런 갈등이 유발되더라도 걱정할 필요는 없습니다.

어떤 관계에서든 갈등은 일어나게 마련입니다. 하지만 연구를 통해 증명된 바에 따르면 결혼생활이나 관계에서 진짜로 행복한 커플들은 갈등을 다정하고 긍정적으로 다룹니다. 파트너의 입장을 잘 들어주고 파트너에게 이해를 구하면서 두 사람에게 두루두루 좋은 절충안을 찾으려 함께 노력합니다.

이런 노력은 책에서 글로 읽기는 쉽습니다. 그렇지만 우리는 생활하면서 때때로 파트너에게 상처를 주는 말과 행동을 합니다. 이해를 구하려는 노력을 깜빡 잊은 채 심한 말을 쏟아냅니다. 어째서 자신이 옳고 파트너가 틀렸는지 지적합니다.

오히려 방어적으로 되어 트집을 잡고 멸시하면서 서로에게 관심을 가져줘야 할 그 순간에 외면해 버립니다. 이런 싸움을 순화시켜 표현하자면 '후회할 만한 일'입니다. 그런데 '관계 달인 커플들'은 한창 말다툼을 벌일 때 말로 상처를 주는 일을 최소화하는 방법을 잘 알고 있습니다.

존과 줄리는 그동안 조사에 참여한 커플들을 '관계 달인 커플'과 '관계 폭탄 커플'로 분류해 추적조사 해왔습니다. 관계 달인 커플들은 여전히 행복하게 함께했고 관계 폭탄 커플들은 갈라서거나 여전히 불행한 채로 함께 살았습니다. 또 갈등의 문제에 관한 한 관계 달인 커플들은 언제나 후회할 만한 일 중에 생긴 상처를 어떻게 회복시킬지 잘 알았습니다.

후회할 만한 일이 생겼을 때 만회할 방법을 알려드립니다. 꼭 관계에서 갈등을 다루는 방법으로 활용해 보세요. 여기에서 싸움을 다룬다는 것은 싸움 중에 일어났던 일에 대해 얘기를 나누는 것이지 복싱 장갑을 끼고 다시 링으로 뛰어 들어가는 것이 아닙니다. 싸움을 되짚어 보기입니다.

앞으로 그런 식의 싸움을 벌이지 않도록 개선시킬 방법을 찾아야지, 또다시 당신의 현실을 옹호하는 입씨름을 벌이면 안 됩니다. 당신이 맞고 파트너가 틀리다고 따져서도 안 됩니다. 파트너에게 현실이 어떻게 비치는지 이해해야 합니다. 각자의 느낌과 인식에서는 옳은 것이니 파트너의 관점에서 상황을 바라보세요.

▪ 1단계

각자 돌아가면서 싸움 중에 느꼈던 마음을 이야기합니다. 슬픔, 분노, 걱정, 외로움, 수치심, 인정받지 못하는 것 같은 서운함 중에 어떤 감정과 기분을 느꼈나요? 혹시 통제불능감이나 혼란스러움이 느껴지진 않았나요?

▪ 2단계

각자가 그 문제상황에 대한 관점과 말다툼 중에 실제로 일어났던 일에 대한 입장을 이야기합니다. 일어났던 일에 대한 서로의 현실 인식이 판이하게 다를 수도 있지만 두 사람 다 맞다는 점을 명심하세요. 누가 더 잘 기억하고 있는지를 놓고 경쟁하듯 티격태격하면 안 됩니다. 서로의 현실 인식을 존중해 주세요.

존중이 곧 동의는 아닙니다. '당신 관점에서 보니까 당신이 충분히 그런 감정과 욕구를 느낄 만도 하네. 이해해'라는 식으로 말할 수 있으면 그것이 바로 존중입니다. 도움이 될 것 같다면 이 책의 초반부에 실린 '잘 들어주기의 기술'을 다시 읽어보세요.

당신이 파트너의 입장을 어느 정도 이해하고 있다는 점을 파트너에게 전해주세요. 당신이 느끼는 감정과 욕구에 대해서만 얘기하세요. '나'를 주어로 삼아 말하세요.

파트너가 했거나 하지 않았던 것들을 지적하지 마세요. 가능한 한 파트너에게 손가락질하며 탓하는 행동은 하지 마세요. '당신이 그때 말했잖아' 식이 아니라 '내가 듣기엔 당신이 그때 ○○라고 말했던 것 같은데' 식으로 말하세요. 그러면 사실로 못 박는 것이 아니라 당신의 입장을 전하는 것으로 들리게 됩니다.

■ 3단계

방아쇠. 몇몇 후회할 만한 일에는 갈등이 격화된 이유가 있습니다. 우리가 '방아쇠'라고 이름 붙인 이유는 이 관계가 시작되기 전에 생겨나 감정의 상처를 남긴 해묵고 질긴 취약성 때문입니다. 그 상처는 언제든 불거질 수 있습니다.

이 방아쇠가 당겨진 것이 느껴지면 당신의 과거나 어린 시절의 기억을 더듬어 비슷한 감정을 느꼈던 때를 생각해 보세요. 그리고 파트너에게 당신이 겪었던 그 과거의 일을 들려주세요. 파트너가 당신이 유독 예민하게 느끼는 감정이 뭐고 그 일이 당신에게 방아쇠가 된 이유를 이해할 수 있게 해주세요. 그런 얘기를 들어주는 파트너의 입장이 된다면 이해하고 공감하는 마음을 표현하세요.

다음은 감정을 어떤 사건과 연관 짓도록 부추길 만한 몇 가지 방아쇠 사례입니다.

- 비난받는 느낌이 들 때
- 배제당하는 느낌이 들 때
- 굴욕감과 모욕감이 느껴질 때

- 버림받은 기분이 들 때

- 무력감이 들 때

- 괴롭힘 당하는 기분이 들 때

- 외로운 기분이 들 때

- 통제불능감이 느껴질 때

- 업신여겨지는 기분이 들 때

- 아주 불안한 느낌이 들 때

- 공격받는 기분이 들 때

■ 4단계

책임을 인정하세요. 싸움이 벌어진 데는 당신의 잘못도 있음을 인정하세요. 그때 당신은 심한 스트레스 상태였거나 다른 데 정신이 팔려 있었을지 모릅니다. 아니면 파트너를 위해 시간을 내주지 않았거나 얘기를 제대로 들어주지 않았을 수도 있습니다.

그 외에 말다툼이 벌어지게끔 당신이 원인을 제공했다고 인정할 수 있는 부분을 생각해 보세요.

이때는 탓을 하지 않도록 조심하세요. 우리가 연구를 통해 밝혀낸 바로는 책임지기는 아주 작은 의사소통 문제의 경우에도 크게 만회할 기회가 됩니다. 즉 책임지기는 아주 효과적인 만회 방법입니다.

■ 5단계

두 사람 모두 다음에는 어떤 식으로 다르게 행동할 수 있을지 의논하세요. 이런 일이 다시 일어날 경우, 그 순간을 더 좋게 넘기기 위해 파트너가 할 수 있는 한 가지 방법은 무엇이 있을까요? 그 순간을 더 좋게 넘기기 위해 당신이 할 수 있는 한 가지 방법은 또 무엇이 있을까요? 앞으로 감정의 상처를 최소화하고 그런 일을 피하기 위한 계획을 함께 세워보세요.

| 데이트 전 점검하기 | 갈등 관리

 누구에게나 문제점은 있다

우리는 갈등을 야기할 수 있는 성격과 라이프스타일의 근본적 차이를 상징적으로 보여주는 주제 25개를 뽑아봤습니다. 라이프스타일은 한 사람으로서의 정체성과 자아감의 기본 요소입니다.

이번 연습은 서로를 새롭게 알아갈 기회이자, 당신의 관계에서 갈등의 잠재적 원인이 될 만한 것이 무엇인지에 대해 호기심을 가져볼 기회입니다. 각 항목을 훑어보고 눈에 들어오는 3~5개를 골라보세요. 그렇게 고른 항목에 대해 어떤 느낌이 드는지 적어보세요.

그것이 현재의 심각한 갈등거리인 것 같나요? 앞으로 갈등의 씨앗이 될 것 같나요? 데이트에서 이런 점들을 얘기하면서 그 문제를 곰곰이 생각해 보는 시간을 가져보세요. 커플들 중에는 모든 항목을 짚어보며 모든 부분에 대해 느끼는 감정을 적어보기로 선택한 경우도 있었습니다. 당신에게 적당하다고 판단되는 방식을 선택해서 해보세요.

이것의 궁극적인 목표는 파트너의 내면세계를 이해하고 함께 공유할 의미를 만드는 것이라는 점을 명심하세요. 당신의 파트너는 시간을 정확히 지키는 걸 중요시하는데 당신은 한 시간만 넘지 않으면 좀 늦어도 괜찮다고 여기는 경우라면, 서로에게 시간 엄수가 그렇게 중요하거나 그다지 중요하지 않은 이유를 얘기해 보세요.

강한 감정의 밑바탕에는 대체로 어떤 내력이 있습니다. 기꺼이 서로의 내력을 털어놓으며 이해를 구하세요. 이해는 연민을 갖고 지혜롭게 갈등을 다루는 윤활유 같은 역할을 해줍니다.

당신의 욕구에 대해 생각할 때는 긍정적인 자세를 가지세요. 당신에게 정말 필요한 것에 초점을 맞추세요. 그리고 그런 긍정적 욕구를 밝힐 때는 서로 잘 지내기 위한 방안을 제시하듯 최대한 구체적으로 말하세요.

예를 들어 "당신이 나를 존중해 줬으면 좋겠어"보다는 "저녁을 먹을 때는 우리끼리 오붓하게 얘기 좀 나눌 수 있게 전자 기기 전원을 꺼놓으면 좋겠어"라고 말하는 편이 좋습니다.

각자의 문제점을 짚어보며 기꺼이 의논하기

- 우리는 서로 얼마나 비슷하고 얼마나 다를까?
- 우리가 어떻게 해야 서로의 차이점을 수용하고 받아들일 수 있을까?
- 우리 사이에 받아들일 수 없는 차이점이 있을까?

1. 깔끔함과 정리정돈 성향의 차이 한 사람은 깔끔하고 정리를 잘하는데 다른 한 사람은 다소 어지럽히는 편인 데다 좀 지저분해져도 신경 쓰지 않는 경우.
2. 시간 엄수의 차이 한 사람은 항상 제시간을 지키거나 일찍 오는데 다른 한 사람은 시간에 다소 느긋해서 자주 늦는 경우.
3. 할 일을 수행하고 일을 마무리 짓는 방식의 차이 한 사람은 한 번에 여러 가지 일을 하는 멀티태스커형인데 다른 한 사람은 한 번에 한 가지 일에만 집중하길 좋아하는 경우.
4. 감정적 차이 한 사람은 감정 표현이 풍부한데 다른 한 사람은 표현을 그

다지 하지 않는 경우. 한 사람은 감정의 탐구를 중시하는 편인데 다른 한 사람은 감정의 성찰보다 행동하는 것이 더 가치 있다고 여기는 경우.

5. 함께하는 시간을 원하는 것과 따로 떨어져 혼자 있는 시간을 원하는 것의 차이 한 사람은 혼자 있는 시간이 더 많길 바라는데 다른 한 사람은 함께 있는 시간이 더 많길 바라는 경우. 기본적으로 자주성을 원하는 것과 상호의존성을 원하는 것에서 나타나는 차이.

6. 적절한 잠자리 횟수의 차이 한 사람이 다른 한 사람보다 잠자리를 더 자주 갖고 싶어 하는 경우.

7. 성생활 얘기에 대한 차이 한 사람은 성생활에 대해 얘기를 나누며 시간이 지날수록 더 좋아지게 할 수 있길 바라지만 다른 한 사람은 그런 쪽의 생활은 자연스럽게 흘러가도록 놔두길 더 원하는 경우.

8. 금전 관념에서의 차이 한 사람은 금전적으로 아주 보수적인 편이라 걱정이 많고 계획을 짜서 지출하는데 다른 한 사람은 돈을 더 많이 쓰길 바라고 현재를 즐기자는 철학을 갖고 있는 경우.

9. 모험의 차이 한 사람은 모험심이 강해서 기꺼이 위험을 무릅쓰고 미지의 영역에 대담히 뛰어들지만 다른 한 사람은 다소 신중하고 위험회피형이라 일이 대체로 계획대로 진행되고 예측 가능하도록 모험적인 부분을 미리 해결해 놓길 바라는 경우.

10. 시가나 처가 가족에 대한 차이 한 사람은 시가나 처가로부터 더 독립하고 싶어 하고, 다른 한 사람은 더 가깝게 어울리고 싶어 하는 경우.

11. 집안일과 육아 방식의 차이 한 사람은 집안일과 육아를 공평하게 분담하고 싶어 하는데 다른 한 사람은 그런 원칙에 동의하지 않거나 비현실적이라고 생각하는 경우.

12. **의견 차이 논의 방식의 차이** 한 사람은 대놓고 말다툼을 벌이며 감정을 가능한 한 맘껏 표출할 수 있길 바라지만 다른 한 사람은 보다 논리적이고 차분하고 이성적인 방식으로 덜 감정적으로 갈등을 처리하길 원하는 경우.

13. **분노 표출의 차이** 한 사람은 자신의 분노 표출이나 상대의 분노 표출에 불편해하지 않아서 거리낌 없이 화를 내고 쉽게 화를 해소하는 편인데 다른 한 사람은 분노를 해를 끼칠 잠재성이 있고 무례한 행동으로 여기는 경우. 그래서 대화 중에는 화를 내는 일이 거의 없길 바라서 분노를 기분 나쁘게 받아들이거나 심지어 앙심마저 품는 경향이 높은 경우.

14. **자녀의 양육과 훈육 방식의 차이** 한 사람은 자녀에게 엄격한 편이고 아이들을 예의바르게 키워야 한다고 생각하는 반면, 다른 한 사람은 아이들에 대한 공감과 이해를 중시하며 아이들에게 자유를 주어 부모와 감정적 친밀감을 느끼게 해줘야 한다고 생각하는 경우

15. **슬픔을 다루는 방식의 차이** 한 사람은 슬픔이나 좌절의 순간을 외면하고 행동을 통해 문제를 해결하면서 '평상시처럼 지내길' 선호하지만 다른 한 사람은 슬픈 마음을 얘기하고 싶어 하면서 상대방이 공감하며 들어주길 바라는 경우.

16. **활동성의 선호도 차이** 한 사람은 아주 활동적인 것을 좋아하는 반면 다른 한 사람은 더 차분하고 덜 활동적인 여가생활을 좋아하는 경우.

17. **사교성의 차이** 한 사람은 비교적 외향적이고 사교적이라 사람들과 어울림을 통해 활력을 얻는데 다른 한 사람은 사람들과 어울리는 것에 어려움을 겪으며 고독을 통해 활력을 얻는 경우.

18. **영향력·권한에 대한 입장의 차이** 한 사람은 모든 결정 사항에 대해 주도 권을 갖길 원하는 반면 다른 한 사람은 공평한 권한을 바라는 경우.

19. **야심과 일 욕심의 차이** 한 사람은 야심만만해서 일과 성공을 지향하는 반면 다른 한 사람은 가정생활에서 배우자와의 즐거운 시간 갖기에 더 관심이 있는 경우.

20. **종교와 영성에 대한 차이** 한 사람이 다른 한 사람에 비해 영적 활동이 나 종교적 가치관을 더 많이 중시하는 경우.

21. **약물과 알코올을 대하는 태도의 차이** 한 사람이 다른 한 사람에 비해 기 분 전환용 약물과 알코올의 섭취에 대해 훨씬 더 너그러운 경우.

22. **독립성의 차이** 한 사람이 다른 한 사람에 비해 상호유대적이기보다 독 립적이길 더 크게 바라는 경우.

23. **흥분의 차이** 한 사람이 다른 한 사람보다 신나거나 모험적인 삶을 살 고 싶은 욕망을 더 크게 느끼는 경우.

24. **신의의 차이** 앞으로나 지금까지 서로 지켜야 할 감정이나 성적인 신의 의 적정선을 놓고 큰 차이가 있는 경우.

25. **즐기는 방식의 차이** 한 사람은 진지한 편이고 재미있게 노는 것에 대해 별로 생각하지 않는 반면 다른 한 사람은 놀기를 좋아하고 비교적 진 지하지 않은 경우.

|데이트 실전 | 갈등 관리

대화의 주제

우리 사이의 갈등을 어떻게 다루면 좋을까? 우리는 서로 얼마나 비슷하고 얼마나 다를까? 서로의 차이를 받아들이고 인정해 주려면 어떻게 해야 할까?

마음가짐

'데이트 전 점검하기'에서 봤던 화두와 당신의 대답을 다시 훑어보세요. 이번 장에서 읽은 내용을 상기해 보며 그동안 갈등을 어떻게 다뤄왔고 앞으로는 어떻게 다루고 싶은지와 관련해서 떠올랐던 것도 곰곰이 생각해 보세요.

데이트 장소

첫 데이트를 계획하지 않았던 파트너가 이번 데이트의 계획을 세워보세요. 이번 데이트에서는 사적인 대화가 가능한 곳이 최적의 장소입니다. 두 사람 모두에게 평온한 곳이나 과거에 두 사람이 기분 좋은 시간을 보냈던 곳 중에서 찾아보세요.

데이트법

좋아하는 공원이나 해변으로, 아니면 집의 뒷마당으로라도 피크닉을 나가보는 것도 괜찮은 방법입니다. 레스토랑에서 식사하며 이번 대화를 나눌 생각이라면 여유 있게 시간을 보낼 수 있고 프라이버시가 보호될 만한 곳인지 확인해 보고 정하세요. 오후 데이트를 할 계획이라면 되도록 초저녁 시간대를 택하세요. 그래야 두 사람 중 누구든 너무 피곤하거나 기운이 떨어진 상태에서 데이트할 일이 생기지 않을 테니까요.

집 데이트: 함께 동네를 산책하는 식으로 이번 데이트를 해보는 것도 좋습니다. 대화에 빠져들게 되더라도 여전히 몸을 움직이고 또 의견 차이가 생겨도 여전히 함께 같은 방향으로 향하게 됩니다. 손을 잡고 걸으며 현재나 과거에 둘 사이의 힘들었던 일을 얘기해 보세요. 갈등을 다룰 방법을 의논하는 동안 서로를 꼭 붙잡고 있으면 어떤 기분인지 느껴보세요.

챙겨갈 것

'데이트 전 점검하기'에서 골랐던 차이점을 정리해 가서 읽어주거나 파트너의 대답을 열린 마음으로 잘 들어주면서 대화를 나누세요.

주의사항

- 파트너를 나쁜 사람으로 만들지 마세요. 건전한 갈등은 이기려 드는 게 아닙니다. 이해한 후 결심을 하거나 인정해 주면 됩니다.
- 두 사람의 차이가 얼마나 크든 당신이 파트너의 성격을 근본적으로 인정해 주고 있다는 점을 전해주세요.
- 갈등을 회피하지 마세요. 갈등의 회피는 감정의 골을 만듭니다.
- 파트너를 트집 잡거나 비난하지 마세요. 파트너의 관점이 틀리고

당신의 관점이 맞다는 식으로 생각해서도 안 됩니다. 두 사람의 관점 모두 타당합니다.

- 후회할 만한 일이 생기면 싸움을 다루고 만회하기 위한 다섯 단계를 밟으세요.
- 파트너를 있는 그대로 사랑해 주세요.
- 해결이 가능한 문제인지 불가능한 문제인지를 구분하세요. 모든 갈등이 해결될 수 있는 것은 아니며, 모든 갈등이 다 해결되어야만 하는 것도 아닙니다.

열린 질문

'데이트 전 점검하기'에서 선택했던 각각의 항목을 의논하세요. 이번 데이트를 했던 커플들 중에는 모든 항목을 짚어보기로 정한 경우도 있었습니다.

두 사람 모두 돌아가면서 이야기도 하고 들어주기도 하세요. 당신이 들어줄 차례가 되면 두 사람 모두가 서로의 갈등이나 차이점의 근원으로 여기는 문제점에 대해 다음의 세 가지 질문을 서로에게 물어보세요.

- 어떤 내력으로 이 문제점이 당신에게 중요해진 거야?
- 이 문제점의 이면에 당신의 개인사나 자라온 가정환경과 관련된 어떤 내력이 있는 거야?
- 이 문제점에 대한 당신의 입장에 더 깊숙이 내재된 어떤 목표나 목적이 있는 거야?

갈등과 관련된, 또다른 열린 질문들

- 당신이 자랄 때 당신 집에서는 갈등을 어떻게 다뤘어?

- 분노에 대해 어떤 느낌이 들어? 당신이 자랄 때 당신 집에서는 분노가 어떻게 표출되었어?

- 당신이 분노를 느낄 때 내가 어떻게 해주는 게 가장 좋겠어?

- 의견 차이로 충돌한 후엔 어떻게 화해하고 싶어?

- 당신의 파트너에 대해, 이번 연습을 해보기 전까지는 이해하지 못했다가 이제야 이해하게 된 부분은 뭐야?

함께할 미래를 위한 맹세

돌아가면서 다음의 맹세를 서로에게 소리 내어 읽어주세요. 읊을 때는 눈을 계속 맞추세요.

당신을 완전히 인정하고 우리의 차이를 포용할 것을 맹세합니다.
서로 갈등이 생기면 그 문제에 대한
당신의 감정과 관점을 이해하기 위해 노력하면서
우리 갈등을 가능한 한 지혜롭게 다루겠습니다.
후회할 만한 일이 생기면 함께 상의했던 방법으로
그 상처를 만회하기 위해 노력하겠습니다.

|스피드 데이팅| **갈등 관리**

관계를 이어가거나 결혼생활을 하다 보면 예외 없이 갈등이 일어나게 마련입니다. 행복한 관계에서는 언제나 사이좋게 잘 지낸다는 생각은 허상일 뿐입니다.

- 서로의 차이를 이야기하고 잘 극복하면 관계에서의 갈등은 파트너를 더 잘 알게 되고 친밀성을 키울 기회입니다.

- 갈등은 다음의 두 가지로 나뉩니다.

  해결 가능한 문제는 상황적이고 화두가 있습니다. 대체로 이런 갈등이나 각자의 입장에는 더 깊이 내재된 의미가 없습니다.

  항구적인 문제는 성격이나 라이프스타일의 근본적 차이입니다. 모든 커플은 항구적인 문제를 가지고 있으며 갈등의 69퍼센트가 바로 이러한 문제에 속합니다. 항구적인 문제는 교착상태에 빠지는 문제가 되기도 합니다. 한 파트너가 상대방에게 비난받거나 거부당하거나 인정받지 못하는 느낌을 받을 경우 그것은 교착상태에 들어섰다는 신호일 수도 있습니다.

- 서로의 차이를 다룰 때는 바로잡아 주려는 마음보다는 호기심을 갖고 접근하세요. 진심으로 그 문제의 밑바탕에 깔린 내력을 이해하고 싶은 마음을 가져보세요.

세 번째 데이트

어떻게 하면
더 열정적으로
사랑을 나눌 수 있을까?

섹스와 친밀성

"솔직히 말하면 저희는 섹스 데이트를 가장 먼저 했어요!"

카티아와 에단은 결혼한 지 1년이 다 되어 갑니다. 둘 다 같은 IT 회사에 다니며 장시간 동안 근무하고 있습니다.

다음은 카티아의 말입니다. "사람들은 대체로 공학자와 컴퓨터 과학 일을 하는 사람을 별로 섹시하게 여기지 않지만 전 섹스에 대해 얘기하는 걸 정말 좋아해요! 저는 뭐든 껄끄러움 없이 얘기해요. 그런 점에서는 할머니를 닮았죠. 할머니는 구강 섹스 얘기도 유람선 여행 얘기를 하는 것처럼 아무렇지 않게 꺼내세요. 저는 그러는 게 더없이 정상이라고 생각하며 살았어요. 에단을 만나기 전까지는요."

에단은 카티아에 비해 보수적인 가정에서 자랐다는 표현도 부족할 정도였습니다.

"저희 집에선 제가 열일곱 살 때 그 얘길 했어요. 그때 어찌나 어색했는지 몰라요. 그나마도 아빠는 피임에 대해 알고 있느냐는 식으로 묻고 끝이었어요. 아빠는 딱 봐도 거북해하셨고 그런 아빠를 보면서 저도 거북해졌죠. 전 21살 때가 되어서야 동정을 뗐어요. 부모님은 섹스에 대해선 입 밖으로 꺼내지 않으셨어요. 말하자면 부모님이 잠자리를 가지셨던 사실을 암시하는 유일한 징표는 저와 제 두 형제뿐인 셈이었죠. 아무튼 두 분은 섹스와 관련된 일은 그게 뭐든 침실에서 들리지 않게 조용히 하셨어요. 저희 가족이 살던 집이 정말 좁았는데도요. 두 분이 열정 없이 가벼운 키스라도 나누는 모습조차 본 기억이 없다니까요."

카티아에게 섹스 데이트는 침대에서 서로 사랑을 나눌 때 좋았던 것과 싫었던 것에 대해 툭 터놓고 얘기하는 하나의 방법이었습니다.

"진솔한 대화를 나눌 좋은 틀이 생긴 거였죠. 우리를 모르는 누군가가 제시해 준 구체적 질문들 덕분에 우리 나름의 질문을 나누면서 정말로 친밀감을 쌓고 있어요."

카티아와 에단은 첫 데이트부터 서로에게 성적으로 강하게 끌렸다고 합니다. 카티아가 그때를 떠올리며 말했습니다.

"정말 엄청나게 끌렸어요. 그러는 게 저 자신도 놀라울 정도로요. 에단은 정말 학구적 스타일이었거든요. 완전 모범생 같았는데 저는 그런 면에 섹시함을 느껴서 하이킹을 하던 내내 에단을 덮치고 싶었다니까요. 끌림이 너무 강해서 에단이 하는 얘기도 귀에 제대로 안 들어왔어요. 에단은 그런 줄도 몰랐을 거예요. 저도 그런 느낌은 처음이라 좀 무서웠어요."

"나도 알고 있었어. 당신이 나를 보며 군침을 질질 흘리다시피 했잖아." 에단이 중간에 끼어들며 한마디 했습니다.

"그런 끌림 때문에 그 전의 어느 때보다 섹스를 갖기 전까지 포기하지 않고 가장 오래 기다리게 되었죠. 저는 결정적 키를 쥔 사람이 에단이라는 걸 알았어요. 한 달을 기다리게 되었는데 그 시간이 정말 길게 느껴졌어요. 거의 매일 만났으니 그럴 만하죠. 전 에단이 제 인생을 바꿔놓을 만한 사람이라는 걸 직감했어요. 단순한 데이트 상대나 남자친구나 연인이 아니라 진짜 운명의 상대 같았어요. 전 고대하며 기다리는 그 한 달이 정말 좋았어요. 감질감질 애태우는 흥분이 길게 이어지는 그런 기분이었고 마침내 섹스를 하게 되었을 때 정말 황홀했어요! 더 바랄 나위 없어요."

"저는 카티아가 만나서 바로 관계를 가졌던 남자들을 생각하기가 싫었어요. 카티아는 저보다 성 경험이 훨씬 많아서 처음엔 그게 힘들었어요. 제가 알지도 못하는 걸 해주길 원하면 어쩌나 하는 걱정도 늘 들었고요. 전 야동을 안 봐요. 섹스 관련 책도 읽은 적이 없어요. 그쪽은 제가 자신 있는 분야도 아니고요. 섹스가 코딩 같은 거였다면 금세 선수가 되었을 테지만 그렇지 않잖아요. 저에게 여자는 미스터리 같은 존재였어요. 카티아는 지금도 여전히 저에게 미스터리 같아요."

"내가? 아니면 내 질이?"

"둘 다!" 에단이 웃음을 터뜨리며 대답했습니다.

"있지, 당신이 그 말을 하니까 이 말이 하고 싶어. 당신은 말을 할 때 솔직한 사람이야. 난 그게 너무 좋아. 그런 당신 덕분에 내가 더 솔직해지고 기분도 편안해져. 당신이 우리 아빠 앞에서 질이라는 단어를 꺼냈다면 아빠는 놀라 자빠지실 거야."

"우리의 경우는 일종의 역할 바꾸기야. 왜냐하면 여자는 순진한 처녀이고 남자가 여자를 성적으로 리드하는 것을 정석처럼 여기니까. 하지만 난 자기가 순순히 내 리드를 받아주고 내가 뭘 좋아하는지 들어줘서 너무 좋아. 나한테 자기가 좋아하거나 싫어하는 게 뭔지 말하기 힘들다는 거 아는데, 그래도 당신이 무엇에 가장 흥분하는지는 알고 싶어."

"다 흥분돼."

"그렇게 대충 말하지 말고 구체적으로 얘기해 줘 봐. 난 우리가 섹스에 관련해서 뭐든 다 얘기할 수 있으면 좋겠어. 난 당신에게 어떤 환상이 있는지 모르겠어. 당신이 가진 환상을 실현시켜 주고 싶어 죽겠단 말이야. 정말이야. 그게 뭐든 다."

"뭐든 다?"

"뭐든 다!"

그레이스와 미아는 결혼하지 않은 동성애 커플로 함께한 지는 1년이 조금 넘었습니다. 이 데이트를 하던 당시는 함께 동거할지 말지를 생각할 때였습니다.

다음은 그레이스의 말입니다. "저희는 둘 다 가끔씩 주 70시간 일을 해서 밤을 함께 보낼 때 사랑을 나누기보다 바로 잠들어 버려요. 하지만 나름 노력하고 있어요. 그러니까 예전엔 일주일에 서너 번 섹스를 했지만 지금은 서로를 많이 안아주다가 곯아떨어져요."

"그게 문제가 돼?" 미아가 물었습니다.

"난 일주일에 최소한 한 번 하면 괜찮을 것 같은데. 앞으론 주 50시간만 일하도록 노력할게. 자기는?"

"섹스 없이 2주가 지나갈 경우엔 얘기 좀 하자고 할 거야." 미아가 웃으면서 말했습니다.

"그렇게 오래 가면 나도 얘기 좀 하자고 할 거야."

그레이스와 미아는 성생활에서 각자가 좋아하는 것과 싫어하는 것에 대해 편안하고 장난스럽게 얘기하고 있었습니다. 미아가 말했습니다.

"저희는 사랑을 나눌 때 이런저런 새로운 자세와 각도를 시도해 봐요. 해보면 재미있어요. 전 관능적으로 천천히 하면서 정말로 하나가 될 때가 좋아요. 그럴 땐 사랑받고 있다는 느낌이 들어요. 그럴 때랑 자기가 사랑한다고 말해줄 때면 정말 그래. 자기가 날 사랑한다는 걸 말과 행동으로 보여줄 때."

미아와 그레이스는 둘 다 성관계 횟수에 대한 걱정을 털어놓았습니다. 그레이스는 또 창의적인 성생활에 대한 관심을 밝혔습니다.

"가끔은 우리가 판에 박힌 방법을 되풀이하고 있다는 기분이 들어서 새로운 걸 시도해 보고 싶어."

"가령 예를 든다면?"

"요가와 섹스를 접목하는 식이지. 거꾸로 매달려서 하는 아크로 요가도 괜찮고. 사랑을 나눌 때 영적인 분위기를 더할 수 있는지 해보고 싶어. 기를 보태보고 싶은 흥미가 끌려."

"자기가 그런 걸 원하는 줄은 몰랐어."

"우린 둘 다 아주 유연하니까 재미있을 것 같아. 그리고 아크로 요가 섹스를 하다가 앞으로 엎어져 버린다 해도 적어도 시도해 봤다는 점에서 의미 있잖아!"

"정말 재미있겠다!"

매튜와 에린은 9개월 된 갓난아이를 둔 결혼 3년차 부부로 함께한 지는 9년이 되었습니다.

"요즘엔 기운도 딸리고 짬도 없어요. 즉흥적으로 자연스럽게 섹스를 했던 예전이 그리워요. 해변으로 휴가 갔던 그때는 정말 좋았는데." 에린이 말했습니다.

이번엔 매튜가 뒷말을 받아 말했습니다. "그땐 사람들이 많은 밖에서, 그것도 심지어 물속에서도 했어요. 우리가 그때 뭘 하고 있는지 눈치 챈 사람이 있었을지도 모르지만 그게 더 흥분을 일으켰죠."

"환상적이었어요."

"난 당신이 즉흥적인 기분을 더 잘 느끼게 해줄 방법을 알고 싶어. 난 아이가 생겼어도 우리가 즉흥성을 잃지 않으면 좋겠어. 물론 당신이 피곤해하고 아기를 돌보느라 시간과 관심과 기운을 많이 쏟아야 한다는 건 나도 알아."

"그래서 등한시된 기분이 들어?"

"그렇진 않아. 자발적으로 부모가 된 거고 이런 생활이 평생 가는 게 아니라는 것도 아니까. 하지만 당신과 더 친밀한 시간을 가졌던 때가 정말 그리워."

"나도 그때가 그리워. 수유를 하다보니까 가끔씩 뭐든 몸에 닿거나 누군가 내 몸을 만지는 게 싫어. 특히 가슴을 건드릴 때가 더해. 그리고 아직 내 몸에 자신도 없고. 하지만 우리 사이의 그런 친밀성을 잃고 싶지는 않아. 가끔은 그냥 안아주면서 위안을 주면 좋겠어. 지금은 그게 나에게 섹시한 시간이야. 기다리고 기다리다 갖게 된 아이지만, 지금은 내가 너무 몸이 고단해. 34살이 아니라 24살에 아기를 낳았으면 이렇게까지 힘들진 않았을 텐데."

"당신은 나에게 여전히 매력적이야. 그리고 당신이 더 쉴 수 있게 내가 더 많이 도와주도록 노력할게."

"그러니까 섹스를 더 자주 하자고?" 에린이 웃으며 말했습니다.

"뭐, 그렇지. 그렇게 안 돼도 불만스러워하지 않을게."

"바뀐 상황에 대해 얘길 나누니 좀 낫다. 가끔은 그것 때문에 나도 걱정이 돼. 당신이 피곤한 줄도 모르고 하루에 4번씩도 섹스할 수 있는 젊은 여자한테 빠져서 날 버릴까 봐 초조해."

"정말?"

"응. 하지만 호르몬 문제도 좀 있어."

"난 섹스 없이도 견딜 수 있지만 부모로서의 유대감만이 아니라 부부로서의 유대감도 느끼고 싶어. 키스도 하고 장난스러운 추근거림도 하고 싶어. 당신 눈엔 내가 정말 섹시하고 잘생겨 보인다는 그런 말도 듣고 싶어. 내가 하루에 4번도 섹스할 수 있는 젊은 여자에게 홀려서 당신을 떠날 일은 절대 없어. 약속해."

"암튼 그런 여자라면 남자를 엄청 밝히는 여자겠다."

"그렇겠지."

에린은 잠시 생각에 잠겼다 입을 떼었다. "그럼 이렇게 하는 게 어떨까? 낮 시간엔 섹스를 할지 말지의 문제로 부담 갖지 말고 서로에게 사랑받는 느낌을 느끼게 해주자. 그러면 내가 그런 부분에서 당신을 실망시키는 걸까 봐 심한 스트레스를 받지 않을 것 같아. 틈틈이 문자를 주고받으면 내가 수유 기계가 된 듯한 기분도 줄고, 그때 그 해변에서의 에린에 더 가까운 기분도 들 것 같은데."

"낯뜨거운 문자야 얼마든지 보내줄 수 있어!" 매튜가 웃으며 말했습니다.

"와! 벌써부터 효과가 느껴지는걸."

우리와 함께 섹스 데이트에 대해 대화를 나누었던 커플들에겐 하나 같이 대화 중 나누는 유머가 중요한 역할을 했습니다. 섹스에 대한 대화는 거북하거나 어색하거나 심각해야 할 필요가 없습니다. 이 대화와 데이트는 가벼운 마음으로 솔직하게 임하는 것이 좋습니다.

결혼 전까지 정절을 지키기로 한 커플이 있었습니다. 약혼한 사이였던 그들은 대화 내내 웃었지만 실제로 섹스를 나누기 전에 섹스에 관한 얘기를 나누고 나니 깨달은 게 있다고 했습니다.

"재미있었어요. 저희는 정절을 지키고 있지만 그렇다고 수도승은 아니거든요. 웃으면서 섹스 얘기를 해보니 덜 심각하게 느껴지고 스트레스도 줄어들어요. 결혼을 하기 전에 이런 얘기를 나눠본 건 좋은 경험이었어요. 저희가 전혀 감을 못 잡고 있던 문제 중 하나가 얼마나 자주 섹스를 나누고 싶은지에 대한 거였어요. 그런 쪽에서 서로가 생각하는 정상적 기준이 어떻게 되는지 전혀 모르니까요."

섹스에 대한 자신의 정상적 기준 발견하기

우리는 누구나 다른 커플들에 대해 궁금해합니다. 다른 커플들은 얼마나 자주 섹스를 할까? 우리의 성생활과 비교해서 어떨까? 우리 사이의 섹스가 시시한 편이면 어쩌지? 우리가 금욕 생활을 하는 편이라면 어쩌지? 우리가 섹스를 별로 안 하는 편이거나 섹스가 시들해진 편이라면 우리 관계가 파멸되는 걸까? 환상이나 롤플레이 섹스는 어떨까? 구강 섹스는? 항문 섹스는? 장기적 관계에서 섹스는 어느 선까지가 정상적인 걸까?

그것이 뭐든 당신과 당신의 파트너에게 좋으면 정상적인 것입니다. 시카고 대학교에서 대규모로 실시한 한 조사에 따르면 기혼 부부의 80퍼센트가 가진 섹스 횟수는 한 달에 두서너 번 이상이었습니다. 이중 32퍼센트는 일주일에 두세 번이라고 답했고, 48퍼센트는 한 달에 두서너 번이라고 답했습니다.

섹스를 나눌 땐 촛불을 켜놓고 감미로운 음악을 틀어놓은 분위기에서 몇 시간이 지나도록 여유롭게 사랑을 나누는 식으로 로맨틱해야 한다는 것은 허상입니다. 진정으로 사랑하는 커플들이라도 커플에 따라 이따금씩 오랜 시간에 걸쳐 섹스를 가질 수도 있고, 자주 섹스를 나누지만 금방 끝낼 수도 있습니다.

섹스에는 환상, 롤플레이, 성생활용품, 심지어 당신이 나름 가장 잘 안다고 생각하는 친구들의 의외의 면 등이 있을 수 있습니다. 두 사람에게 거부감이 없으면 정상적인 것입니다. 이런 정상의 기준도 아이가 생기고 나이가 들고 아프게 되면 자주 바뀌게 마련입니다.

이 모두가 인간의 성생활에서 정상적인 것이며 다 괜찮습니다. 이제 막 관계가 시작될 때나 신혼 때 날마다 섹스를 하자고 말하는 것은 실패를 자초하는 셈입니다. 삶은 그 실상이 겉으로 드러나게 되어 있습니다. 그리고 성생활만큼 삶을 확실히 드러내주는 척도는 없습니다.

우리는 누구나 우리의 관계가 열정을 잃지 않고 계속 유대를 맺길 바랍니다. 당신이 어떻게 하느냐에 따라 침실에서의 유대를 맺을 수도 있고 깰 수도 있습니다. 여기에서 가장 중요한 점은 할 일 목록 중 섹스가 마지막 항목이 되거나 둘 다 지쳐 있을 때 관심을 갖는 마지막 의무로 밀리도록 방치해선 안 된다는 것입니다. 멋진 성생활을 보장해 줄 구체적인 방법도 있습니다.

크리산나 노스럽, 페퍼 슈워츠, 제임스 위트는 함께 쓴 책 『다른 커플은 어떻게 사랑하고 있을까』에 24개국 7만 명을 대상으로 광범위한 설문조사를 벌인 결과를 담아 놓았습니다. 이 책에 따르면 멋진 성생활을 누리는 커플들에겐 다음과 같은 특징이 있다고 합니다.

- 파트너에게 '사랑해'라는 말을 매일매일, 진심을 담아 함.
- 서로에게 로맨틱한 깜짝 선물을 사줌.
- 로맨틱한 휴가를 떠남.
- 서로 등을 토닥여 줌.
- 아무 이유도 없이 격정적 키스를 함(섹스를 아주 좋아하는 이들의 85퍼센트는 키스도 격정적으로 함).
- 사람들 앞에서의 애정 표현(손잡기, 스킨십, 입맞춤 등).
- 매일 포옹함(포옹을 하지 않는 이들 중 6퍼센트만 멋진 성생활을 누림).
- 일주일에 한 번은 멋부려 차려 입기, 외식하기, 마사지, 사랑 나누기 등을 동반한 로맨틱한 데이트를 가짐.
- 섹스를 우선순위로 삼고 섹스에 관한 얘기를 편하게 주고받음.
- 다양한 성관계에 개방적임.
- 정서적 유대를 위한 노력에 힘씀.

게다가 이런 행동을 많이 하는 커플일수록 성생활이 더 만족스럽습니다. 조사 국가 중 가장 우수한 국가는 스페인과 이탈리아였습니다.

결론을 말하자면 멋진 섹스는 그다지 어려운 일이 아닙니다. 지극히 실행 가능한 일입니다. 다만 서로 이야기를 나눌 수 있어야 하고 서로의 관계에서 섹스를 우선순위에 두어야 합니다.

오붓한 시간이 선사하는 선물

UCLA 가족일상생활연구소에서 맞벌이 부부들을 대상으로 진행한 조사 결과에 따르면, 어린 자녀를 둔 부부들은 대체로 둘이 오붓하게 보내는 시간이 아주 적은 것으로 나타났습니다. 매튜와 에린의 경우와 흡사하게 맞벌이 부부들이 단둘이 보내는 저녁 시간은 전체 저녁 시간의 10퍼센트에 불과했습니다.

이 저녁 시간 동안 대체로 아빠는 방에 들어가 혼자 있고 엄마는 아이하고만 지냈습니다. 조사에 참여한 한 연구자가 들려준 말에 따르면, 맞벌이 부부들이 일주일 동안 대화를 나누는 시간은 평균 35분이었습니다. 그 대화의 내용도 대부분 용무와 관련된 것이었다고 합니다.

그런 식으로 지내다 보면 상당수 부부들은 애정 있는 관계를 지속시켜 주는 로맨틱한 일들을 더 이상 하지 않게 됩니다. 더는 재미있는 시간을 보내지 않습니다. 더는 유쾌하게 즐길 시간을 내지 않습니다. 더는 로맨틱한 휴가를 가거나 데이트를 하지 않습니다. 더는 함께 모험을 감행하지 않습니다. 식지 않는 열정으로 활기차고 로맨틱한 삶을 이어가게 해주는 일을 더는 안 하게 됩니다. 생활이 해도 끝이 없는 용무들로 채워지면서 삶은 고역이 되고 맙니다.

꼭 그런 고역 같은 삶을 살아야 하는 건 아닙니다. 특히 아이가 생겼을 때일수록 더욱 그렇습니다. 부부가 아이들에게 선사해 줄 수 있는 최고의 선물은 애정 있는 관계의 모범을 가정에서 직접 보며 자랄 수 있게 해주는 것입니다. 아이들에게는 부모 사이의 사랑이 부모에게 직접 받는 사랑만큼이나 성장의 자양분이 됩니다.

섹스에도 리뷰가 필요해

이번 데이트의 관건은 섹스에 대한 이야기 나누기와 두 사람만의 유대 맺기 의식 만들기입니다. 하지만 그러기 위해서는 섹스에 대해 얘기할 수 있어야 합니다. 조사를 통해서도 밝혀졌듯 터놓고 섹스 얘기를 나눌 수 있는 커플들이 더 자주 섹스를 합니다. 또 이런 관계의 여자들이 오르가슴도 더 많이 느낍니다. 섹스에 대해 얘기하기는 커플 서로에게 윈윈이 됩니다.

섹스에 대해 얘기를 나누는 것만으로 섹스를 더 자주 하게 된다는 (더불어 더 만족스러운 섹스를 나누기도 한다는) 점을 알게 되어도 막상 그렇게 얘기를 한다는 건 여전히 어려울 수 있습니다. 실제로 터놓고 거리낌 없이 섹스에 대해 얘기할 수 있는 커플은 소수에 불과합니다.

하지만 요령을 배워서 익히면 보다 편하게 얘기할 수 있습니다. 여기에서 중요한 점은 파트너와 섹스에 대해 얘기할 때는 당신이 좋아하는 것과 기분 좋게 느끼는 것에 초점을 맞추는 일입니다. '나는 당신이 여기를 만져줄 때가 좋더라. 당신이 이렇게 해줄 때면 기분이 정말 좋아.'

이런 얘기는 여자 쪽에서 스스럼없이 얘기해 주는 것이 특히 더 중요합니다.

여러 연구 결과에 따르면 남자는 어느 정도의 귀띔이 필요하고, 또 그것을 원합니다. 파트너에게 쾌감을 선사해 주고 성적인 만족감을 안겨주고 싶어 하기 때문입니다.

성생활에서 만족스러운 것과 별로인 것에 대해 얘기할 때 핵심은 섹스 중이 아닐 때 대화하기입니다. 아무리 건설적인 비판이라도 한창 관계를 갖는 중에 말을 꺼내는 것은 두 사람 누구에게도 좋지 않습니다.

우리가 아는 한 커플은 관계를 가진 이후에 '섹스 리뷰'라는 것을 즐겨 합니다. 대개 다음 날 커피를 마시면서 하거나 심지어 외출했다가 말을 꺼내기도 한답니다.

"저희는 서로 좋았던 것을 얘기해요. 다음에 사랑을 나눌 때 해보고 싶은 것도요. 그렇게 해서 새로 해본 시도들은 굉장했어요. 정말, 다 끝내줬다니까요. 섹스 리뷰는 섹시한 활동을 하지 않을 때조차 분위기를 섹시하게 해주는 방법이에요."

이 커플은 성생활에서 만족스럽고 기분 좋은 것에 대해 얘기할 때 유머를 많이 곁들였습니다. 대화는 늘 긍정적이었고 나쁘게 평가한 적은 없었습니다. 좋았던 것만 얘기했습니다.

이 책에서 권하는 모든 대화는 솔직하게 마음을 열고 파트너에게 취약성을 드러내야만 하는 만큼 거북함을 느낄 가능성이 있습니다. 하지만 섹스에 대한 대화에서는 그런 취약성의 노출이 전혀 다른 차원까지 이를 가능성이 있습니다.

대체로 정서적으로 발가벗겨지기보다 신체적으로 발가벗겨지는 것이 더 편하게 여겨질 수도 있습니다. 그러나 평생 가는 관계나 결혼생활을 일구고 싶다면 정서적으로나 신체적으로나 모두 다 숨김없이 드러내야 합니다.

오늘의 거절을 내일의 관계로 이어가는 비법

연구를 통해 밝혀진 바에 따르면 남녀를 포함하여 70퍼센트의 사람들은 섹스를 요구할 때 간접적 전략을 씁니다. 직접적으로 요구할 때는 '자기야, 우리 잠자리 갖자' '섹스하고 싶어' '섹스하고 싶지 않아?' 식으로 말하는 것이 보통입니다.

하지만 결혼 여부와 상관없이 커플들의 30퍼센트만이 이런 직접적 방법을 씁니다. 대다수의 사람들은 스킨십이나 포옹이나 키스로 관계를 갖고픈 마음을 넌지시 내비칩니다. 우리 식대로 표현하면 체면 살리기식의 태도를 취하는 것입니다. 그러니까 키스나 포옹을 해봤다가 반응을 떠보면서 그 반응에 따라 행동한다는 얘깁니다.

이것은 반응을 살피면서 거절당할 일을 피하려는 방법입니다. 거절을 좋아할 사람은 없습니다. 달아올라 섹시한 시간을 갈망할 때는 특히 더하죠. 그런데 관계가 깊어지면 애정과 섹스를 갈망하는 시도가 점점 직접적으로 변하게 마련입니다. 이는 좋은 현상입니다. 직접적이고 애정이 깃들어 있고 또 성적 매력이 있으면 괜한 오해로 마음의 상처를 입을 가능성이 줄어들기 때문입니다.

섹스의 요구에 관한 한 대체로 남녀 사이에는 몇 가지 차이점이 있습니다. 여기에서 '대체로'라는 말을 붙인 이유는 모든 규칙에는 예외가 있기 때문입니다.

우리가 인용한 연구 자료는 게이와 레즈비언 커플 들에게는 유효하지만 트랜스젠더 커플에게는 거의 유효하지 않습니다. 따라서 인용된 자료는 이성애와 시스젠더(타고난 생물학적 성과 젠더 정체성이 일치하는 사람을 지칭하는 말로 트랜스젠더와 반대되는 개념 — 옮긴이) 커플들에 대한 것으로 제한되어 있습니다. 아무쪼록 앞으로는 이런 현실에 변화가 생기길 바랄 따름입니다.

섹스에 대한 생각 : 남자는 여자보다 섹스에 대한 생각을 더 많이 합니다. 매일 혹은 하루에 몇 번씩 섹스에 대해 생각하는 이들의 비율이 남성은 54퍼센트인 것에 비해 여성은 19퍼센트입니다.

횟수 : 커플들의 성생활과 관련된 우리의 연구 결과에 따르면 전형적으로 남성은 일주일에 네다섯 번의 섹스를 원하고 여성은 한두 번입니다.

환상 : 남성의 성적 환상이 비교적 노골적이라면 여성의 성적 환상은 비교적 로맨틱한 편입니다.

자위 : 청소년기에는 남성이 여성보다 자위를 더 많이 하며 이런 차이는 성인기에도 그대로 이어집니다.

섹스를 위한 선행조건 : 대체로 남성은 정서적 유대감을 느끼기 위해 섹스를 하고 싶어 하지만 여성은 섹스를 하려면 정서적 유대감이 있어야 합니다. 우리와 인터뷰한 커플들의 90퍼센트 가까이가 여성에겐 정서적 유대감이 필요하다는 점에 공감했습니다.

우리는 여성이 남성보다 이런 선행조건이 더 많은 것으로 해석하고 있습니다. 그런데 여성의 선행조건은 항상 정서적 친밀감만으로 채워지는 건 아닙니다. 때로는 피곤하거나 마음이 심란하거나 지쳐 있거나 자신이나 자신의 몸에 불만족스러운 느낌도 선행조건에 들어갑니다.

자료에 따르면 (선행조건이 가장 적은 두 사람의 조합인) 게이 커플이 모든 유형의 커플 가운데 섹스 횟수가 가장 많고 (선행 조건이 가장 많은 두 사람의 조합인) 레즈비언 커플이 가장 섹스가 적습니다. 여성의 성욕은 그녀의 다른 세상이 어떤 상태인지를 보여주는 지표입니다. 다시 말해 여성은 지쳐 있거나 행복하지 못하거나 몸 상태가 안 좋거나 지지받고 사랑받는 느낌이 들지 않으면 섹스하고 싶은 기분이 들지 않게 됩니다.

허락하기 : 여성은 섹스의 선행조건이 더 많음에도 섹스에 동의하는 비율이 남성과 비슷합니다. 심리학자 샌드라 바이어스 Sandra Byers 와 래리 하인라인 Larry Heinlein 은 조사에 참가한 남녀들에게 성생활을 기록하도록 했습니다. 분석 결과 남성과 여성 모두 섹스를 수락하는 비율이 75퍼센트로 나타났습니다.

따라서 (이 조사 결과 주도 횟수는 남성이 여성보다 더 많았지만) 누가 주도하든 긍정적 반응을 보이는 비율은 똑같습니다. 누구나 거절당하길 두려워한다는 점을 감안하면 이는 놀라운 결과가 아닐까요? 그렇게 걱정할 필요가 없다는 얘깁니다.

거절 받아들이기 : 파트너가 섹스를 원하지 않을 때 가장 중요한 일은 거절을 감정적으로 받아들이지 않기입니다. 행복한 커플들은 한쪽 파트너가 그럴 기분이 아니더라도 화를 내거나 신경질적으로 굴지 않습니다. 우리의 조사 결과에서도 나타났듯 한쪽 파트너가 섹스할 기분일 때 다른 파트너가 그럴 기분이 아닐 확률은 25퍼센트입니다. 그런 만큼

거절을 다룰 방법을 찾는 것은 두 사람의 관계를 원만히 이어가는 데 정말 중요합니다.

섹스가 무산되더라도 다정하고 사이좋게 지낼 방법을 찾으세요. 실제로 거절을 받아들이는 요령을 터득한 커플들은 한쪽 파트너가 섹스할 기분이 아닐 때 다른 파트너가 화를 내는 커플들보다 섹스를 더 많이 하게 됩니다. 거절에 대응할 좋은 방법은 '싫다'는 말이 꼭 유대의 단절이 아님을 깨닫는 것입니다.

그럴 땐 이런 식으로 말해보세요. "당신이 그럴 기분이 아닌 걸 알려줘서 고마워. 지금 뭐하고 싶어? 산책할까? TV 볼까? 안아줄까? 그냥 얘기나 좀 할까? 아니면 혼자 있고 싶어?" 거절했다고 해서 그 파트너를 거칠게 대해선 안 됩니다. 삐치거나 보채지도 마세요.

남성은 '싫다'는 말을 듣는 것을 특히 더 힘들어합니다. 조사를 통해서 나타났듯 성적으로 호감을 얻는 것이 남성성 의식에서 중요한 부분을 차지하기 때문입니다. 심지어 어느 조사 결과에서는 파트너에게 성적으로 호감을 끌지 못하는 것보다 차라리 직장에서 잘리는 것이 더 나을 것 같다고 답한 남성이 많았습니다.

섹스와는 별개로 육체적 애착, 장난스러운 추근거림, 친밀한 관계가 부족할 경우 성생활에 문제가 생기기 쉽습니다. 앞에서도 살펴본 것처럼 정서적 거리나 심한 갈등이 있다면 성생활에 문제가 생기게 마련입니다. 육체적으로나 정서적으로 불안정할 때, 어느 한쪽이 인정받지 못한다고 느낄 때는 성생활의 질과 양 모두에 영향을 미칠 수 있습니다. 파트너의 내면세계를 살펴줘야 성생활도 잘 풀리게 됩니다.

열정을 지키는 6초의 기적

두 사람의 관계에 열정이 끊임없이 흐르게 할 한 가지 방법이 있습니다. 바로 키스입니다. 키스를 많이, 자주 하세요. 서로 떨어질 때마다 키스하고 떨어져 있다가 다시 볼 때마다 키스하세요. 할머니에게 하듯 가벼운 입맞춤을 하라는 게 아닙니다.

누군가가 두 사람을 보면 얼굴을 붉힐 만큼 찐득한 키스를 6초 정도 나누세요. 진한 키스를 나누면 호르몬과 신경전달 물질 분비가 촉진되어 도파민이 분출되고 옥시토신이 증가하지요. 바로 이 도파민과 옥시토신은 둘 다 기분을 좋게 해주는 물질입니다.

진심을 담아 키스하면 혈관이 팽창되고, 뇌에 산소가 더 많이 공급되고, 동공이 확장되고, 뺨에 혈색이 돋게 됩니다. 입술은 우리 몸에서 가장 노출된 성감대이며 뇌와의 연계성이 유독 높은 부위입니다. 양질의 키스는 말 그대로 뇌를 환하게 밝혀 주어서 키스를 하면 12개의 뇌신경 가운데 5개가 활성화됩니다.

하지만 더욱 중요한 대목은 따로 있습니다. 서로 떨어질 때와 서로 다시 볼 때 키스하는 6초 동안 두 사람은 외부 세계와 유대를 끊고 파트너는 물론이고, 파트너와 함께 만드는 세상과 다시 유대를 갖게 됩니다. 단 6초 사이에 서로에게 서로의 중요성을 전해주면서 다시 한 번 서로를 택하게 됩니다.

앞에서도 언급했던 24개국 7만 명을 대상으로 진행된 연구에서 밝혀진 바에 따르면, 모든 멋진 관계에서는 별 이유도 없이 나누는 격정적 키스가 멋진 성생활의 만능키인 것으로 나타났습니다.

셰릴 커센바움의 『키스의 과학』에 인용된 10년에 걸친 독일의 한 연구 결과에 따르면 다음과 같습니다. 출근하면서 아내에게 키스하는 남자들이 '쪽하고 가벼운 입맞춤조차 하지 않고 나가는' 남자들보다 수명이 5년 길고 수입도 20퍼센트 더 많았습니다.

열정이 끊임없이 흐르게 할 또 하나의 알짜 비결은 애정과 애착과 인정의 마음을 서로 말로 표현하기입니다. 파트너에 대한 긍정적 면들을 생각으로만 품고 있지 말고 파트너에게 말로 표현해 줘야 합니다. 파트너의 노력, 매력, 지능, 활동, 재능, 유머감각 등 당신이 사랑하고 존경하는 면을 인정해 주세요.

러브랩은 성공적인 커플의 경우 아파트형 실험실에서 일상생활을 하며 보인 긍정성과 부정성의 비율이 20대 1이라고 밝혔습니다. 성공적인 관계를 맺으려면 파트너의 어떤 말이나 행동에 어이가 없어 눈을 굴리는 일이 한 번 생길 때마다 20번의 긍정적 반응을 보여줘야 한다는 말입니다.

파트너가 관심을 원할 땐 관심을 보여주세요. 눈을 맞추며 파트너가 하루를 어떻게 보냈는지 물어봐주고, 파트너를 스트레스 받게 한 일에 대해 함께 얘기하세요. 파트너의 얘기를 잘 들어주고, 파트너가 겪고 있는 어려움에 공감해 주세요. 함께 있는 매 순간은 서로를 더 알아가며 더 가까워질 기회입니다.

떨어져 있을 때는 애정이 담긴 문자를 보내거나 전화나 이메일로 서로에게 추근거려 보세요. 파트너에게 파트너에 대한 당신의 생각과 애정을 알려주세요. 두 사람의 관계에 열정이 꺼지지 않게 하는 데는 (침실 밖에서 일어나는 이런) 작은 행동과 은밀한 유대의 순간들이 닫힌

침실문 안에서 시도하는 그 어떤 격정적 비결보다도 훨씬 더 효과적입니다.

시간을 내서 데이트하며 끊임없이 서로를 알아가고 두 사람만의 유대 맺기 의식을 만들어보세요. 서로 사랑을 나누는 일은 육체가 얽히든 아니든 마음과 가슴으로 하는 일입니다. 그리고 이런 식의 애정 어린 제스처와 로맨틱한 의식을 나누면 수년의 세월이 지나도 서로를 향한 욕망이 자라나게 되어 있습니다.

| 데이트 실전 | **섹스와 친밀성**

대화의 주제

로맨스, 섹스, 신체적 친밀성에 대해 짚어보며 서로 얘기해 보기

마음가짐

이번 장에서 읽은 내용과 함께, 당신의 관계나 결혼생활에서 섹스와 열정이 어떤 식으로 펼쳐지길 원하는지에 대해 떠올랐던 아이디어들을 상기해 보세요. 유대를 위한 의식을 어떻게 세울지도 생각해 보세요. 선뜻 섹스 얘기를 하기가 어렵다면 그런 얘기를 꺼낼 마음의 준비를 다지면서 말하기 어려운 이유를 따져보세요.

섹스에 대해 얘기하는 데는 옳거나 틀린 방법이 없습니다. 생각나는 대로 말할 만큼 용기를 갖는 일이 우선입니다.

데이트 장소

이번 데이트를 위해서는 어딘가에서 촛불을 켜놓고 저녁식사를 해보길 권합니다. 좋아하는 레스토랑도 괜찮고 내밀한 분위기를 낼 수 있는 공공장소(공원의 구석진 곳 등)도 괜찮습니다.

대화 주제가 친밀성, 섹스, 로맨스이니 만큼 당신과 당신의 파트너에게 로맨틱하고 친밀한 장소가 어디일지도 생각해 보세요. 데이트 전에 함께 댄스나 요가 강습에 가거나 스트레칭 시간을 갖는 등 몸을 쓰는 육체 활동을 해보는 것도 좋습니다.

데이트법

이번 데이트는 최대한 로맨틱하고 유혹적인 분위기가 되도록 연출해 보세요. 밖으로 나갈 계획이라면 파트너가 섹시하게 느낄 만큼 멋지게 차려입으세요. 어떻게 입어야 할지 모르겠다면 파트너에게 물어보세요. 나아가 이번 섹스 데이트를 위해 파트너에게 직접 옷을 골라달라고 해도 됩니다.

이번 데이트의 대화를 위해서는 당신의 몸에도 신경을 좀 쓰세요. 파트너와 육체적 친밀성에 대해 집중적으로 얘기하는 순간에 당신의 몸에 일어나는 느낌도 의식해 보세요.

질문을 던지는 중간에 당신의 몸과 파트너를 살펴보세요. 심장이 갑자기 빨리 뛰진 않나요? 호흡이 느려지거나 빨라지진 않나요? 발끝에서부터 정수리까지 온몸을 천천히 훑으며 확인해 보세요.

집 데이트: 이번 데이트를 집에서 할 생각이라면 집에 단둘이 있을 수 있는 기회를 마련해 놓고 침대에서 옷을 모두 벗고 데이트를 즐겨보세요. 알몸으로 거실에서 해보는 것도 괜찮습니다. 아니면 집에 멋진 마당이나 정원이 있다면 그곳을 데이트 장소로 삼아보세요 (단, 이때는 옷을 입어야 할 겁니다).

챙겨갈 것

파트너에게 취약성을 드러낼 열린 마음과 의지를 끌어내야 합니다. 파트너의 생각에 '맞아, 하지만……' 식의 태도가 아니라 '맞아, 그런데……' 식의 태도를 취하세요. '맞아, 그런데……'로 파트너의 말이 맞다고 인정해 주고, 즉흥성을 발휘해 더 많은 대화를 나누면서 서로 이해를 늘리세요.

'맞아, 하지만……'은 파트너가 꺼낸 말을 부정하게 되는 것입니다. 섹스에 대한 얘기를 선뜻 못 꺼내겠다면 미리 이번 장에 대한 생각을 글로 적어서 파트너에게 읽어주세요.

주의사항

- 당신이 선호하는 성적 취향을 가능한 한 구체적으로 밝히세요. 모호하게 말하지 않도록 노력하면서 당신이 싫어하는 것이 아니라 좋아하는 것을 말하세요.
- 파트너와의 성경험을 다른 파트너와의 성경험과 비교하지 마세요.
- 파트너가 섹스나 성행위에 대해 얘기할 때 무슨 말인지 잘 모르겠다면 물어보세요.
- 신체 부위와 성행위에 대해 터놓고 얘기하기에 편한 단어가 있다면 뭐든 써도 됩니다.
- 파트너가 어떤 것에 흥분하든 열린 마음으로 받아주고 어떤 환상을 품고 있든 비난하지 마세요.
- 파트너가 데이트를 마친 후에 섹스할 기분이 아니라고 하면 기분을 인정해 주면서 다정하고 자상하게 대해주세요. 섹스를 거부당해도 절대 화내지 마세요.

열린 질문

각자가 돌아가며 다음의 질문을 주고받으며 대답하세요.

- 같이 나눴던 섹스를 생각해 봐. 언제 좋았어? 그때 뭐가 좋았어?
- 당신은 어떨 때 흥분이 돼?
- 내가 어떻게 하면 당신을 더 뜨겁게 해줄 수 있을까?
- 당신은 섹스하고 싶은 마음을 어떤 식으로 알려주는 게 좋아?
- 어디를 어떻게 만져주는 게 좋아?
- 사랑을 나누기 좋아하는 시간이 언제고 그 이유는 뭐야? 좋아하는 자세는 뭐야?
- 전부터 성적으로 해보고 싶었는데 말을 못 꺼냈던 건 없어?
- 우리의 성생활을 더 즐겁게 하려면 내가 뭘 어떻게 하면 좋겠어?

함께할 미래를 위한 맹세

돌아가며 다음 맹세를 서로에게 소리 내서 읽어주세요. 읊을 때는 눈을 맞춰주세요.

유대를 위한 우리만의 로맨틱한 의식을 만들고

당신을 향한 애착과 애정을 표현하면서

침실 밖에서의 애정을 더 키울 것을 맹세합니다.

다음 한 주 동안 서로 헤어질 때나 만날 때마다

6초 키스를 하기로 맹세합니다.

우리의 성관계를 서로 논의하고 돌아보고 개선시키는 데 힘쓰겠습니다.

❝ I스피드 데이팅 I **섹스와 친밀성**

            ❞

- 유대를 위한 로맨틱하고 친밀한 의식은 행복하고 열정이 꺼지지 않는 관계를 지켜줍니다.

- 섹스에 대해 터놓고 얘기할 수 있는 커플들이 섹스를 더 많이 나눕니다. 그리고 그러한 커플의 여성 파트너가 오르가슴을 더 많이 느낍니다.

- 섹스에 대해 얘기하기는 대다수 커플들에게 어려운 일이지만 시간이 지나고 많이 해볼수록 점점 쉽고 편해집니다.

- 섹스 얘기를 하기에 가장 좋은 시간은 사랑을 나누는 중일 때가 아니라 섹스가 끝난 이후입니다. 섹스 리뷰를 해보세요!

- 파트너에게 당신이 좋아하는 것과 기분 좋은 것을 말해 주세요.

- 기혼 커플의 80퍼센트는 한 달에 두서너 번 이상의 섹스를 합니다. 두 사람에게 편하기만 하면 횟수가 몇 번이든 정상입니다.

- 기혼 커플은 사귀거나 동거 중인 커플에 비해 섹스를 더 많이 합니다.

다음은 섹스와 열정을 시들게 만드는 주범입니다.

- 육체적 애착이나 장난스러운 추근거림이나 친밀한 유대가 부족함

- 아직 다 마치지 못한 아주 중요한 일거리들

- 정서적 거리와 심한 갈등 및 정서적이거나 육체적인 안정감 부족

- 피로와 스트레스

- 제대로 인정받지 못하고 있다는 느낌

네 번째 데이트

당신에게
돈은 얼마나 중요해?

일과 돈

애덤과 트레버는 결혼 3년 차에 접어들었지만 같이 산 지는 5년째입니다. 두 사람은 첫 데이트 이후 오랫동안 돈이 둘 사이의 문제였기 때문에 이 금전 데이트를 학수고대했습니다.

애덤은 미래와 어려울 때를 대비해 계획적으로 살길 좋아합니다. 최소한 6개월 치의 집세와 공과금을 비상금으로 모아놓는 것에 거의 병적일 정도로 집착하는 편입니다. 트레버는 여윳돈이 생기면 신나는 놀이와 오락, 평생 추억으로 남을 만한 경험에 써야 한다고 생각합니다.

"인생은 짧아. 내일 내가 어떻게 될지 모르는데 뭐 하러 뒤로 미뤄. 난 버킷 리스트 따윈 쓰고 싶지 않아. 지금 당장 해봐야 할 일들이 중요하다고."

2년 동안 만나면서 돈 문제로 인한 갈등은 해결될 만한 수준이었습니다. 애덤이 매달 저축하고 싶은 금액의 반을 저축하고 그 나머지 반은 트레버가 원하는 일에 썼습니다. 그래서 주말마다 같이 놀러나가 패들보드 타기나 짚라이닝 같은 레크리에이션 활동을 즐겼습니다. 하지만 애덤이 소액의 유산을 받았을 때 돈에 대한 사소한 의견 차이가 큰 싸움으로 번지고 말았습니다.

다음은 애덤이 들려준 그 자초지종입니다.

"저는 그 돈이 생활비 외의 남는 여윳돈이라 전부 다 저축하고 싶었어요. 하지만 트레버는 여행을 가고 싶어 했어요. 저희가 동남아시아에 가보는 게 꿈이긴 했지만 그런 여행을 갈 만한 형편이 아니었어요. 둘 다 프리랜서라 단순히 여행 경비만이 문제가 아니라 일을 못한 시간만큼의 수입 손실도 감수해야 했으니까요."

이번엔 트레버가 말했습니다.

"그건 선물 같은 거였어요. 늘 품어왔던 꿈을 실행할 기회였다고요. 애덤은 저의 이런 관점을 이해하지 못했어요. 게다가 그 돈은 애덤이 받은 유산이니까 저로선 어느 정도 설득하다 안 되면 어쩔 수 없다는 생각도 들었어요."

애덤도 입장을 밝혔습니다.

"트레버는 정말 짜증을 냈어요. 그 돈은 푼돈이 아니었어요. 적어도 저에겐 우리 돈이었고요. 어쨌든 우린 모든 것을 공유하니까요. 하지만 트레버를 정말 이해할 수 없었어요. 이번이 만약의 경우를 위한 더 든든한 대비책을 세울 기회라는 걸 왜 모르나 싶어 답답했어요. 저도 여행은 가고 싶었지만 그 시간 동안 일을 못한다고 생각하니 앞이 깜깜했어요. 괜히 위험을 감수하는 것 같았어요."

그러다 상황이 완전히 바뀐 계기는 각자 생각하는 돈의 의미를 따지기 시작하면서부터였습니다. 트레버의 아버지는 젊은 나이인 35세에 세상을 떠났다고 합니다.

"저희 부모님은 저희에게 여기저기 여행을 데리고 가겠다는 얘길 자주 하셨지만 항상 기약 없는 미래로 미뤄졌어요. 언젠가 디즈니랜드에 가자고 언젠가 하와이에 가자고 하는 식이었죠. 그러다 아빠가 돌아가시면서 그 기약 없던 여행도 물거품이 되고 말았어요. 언젠가는 끝내 오지 않았어요. 죽음을 맞이하는 순간엔 누구든 사랑하는 이들과 만들었던 추억을 후회하진 않을 거예요. 후회한다면 하지 않았던 일들만 후회하겠죠."

애덤의 부모님은 저축을 안 했다고 합니다.

"아빠가 실직하시면서 저희 집은 형편이 어려워졌어요. 당시에 아빠에겐 의지할 수단이 아무 것도 없었어요. 모아놓은 돈이 한푼도 없으셨죠. 저희 가족은 그럭저럭 살아가긴 했지만 아빠는 가족을 제대로 부양하지 못한다는 생각에 자괴감에 빠지셨어요.

여동생과 저는 둘 다 정말 어릴 때부터 일을 했어요. 12살과 14살부터 돈을 벌면서 집세와 식비에 보탬이 되려고 할 수 있는 일을 닥치는 대로 했어요. 정말 힘들었어요. 나중엔 아빠가 괜찮은 곳에 취직해 직장에 잘 다니셨지만 어려운 고비에 가족을 건사할 돈을 한푼도 모아놓지 않았다는 생각이 들어 어린 마음에 아빠가 원망스러웠어요.

지금 아빠는 입버릇처럼 저에게 물어보세요. 저축을 하고 있는지, 일자리를 잃을 경우의 대비책은 어떻게 세웠는지를 물어보며 저에게 미래에 닥칠 고비에 대한 두려움을 심어주세요. 이번에 할머니가 물려주신 유산은 정말로 큰 의미가 있는 돈이라 저는 그 돈을 유용하게 쓰고 싶어요."

애덤과 트레버는 서로에게 돈의 실질적 의미가 무엇인지 이해하고, 지출과 저축에 얽힌 가족사에 얼마나 큰 차이가 있는지도 알게 되었습니다. 그 후로 유산을 놓고 일어난 갈등을 풀게 되었습니다. 애덤은 동남아시아로 여행을 가자고 제안했지만 트레버는 10퍼센트만 여행 경비로 쓰고 예산에 맞춰 여행을 떠날 방법을 찾아보자고 했습니다.

"애덤의 아버지가 실직했던 때의 얘기를 듣고 나니 애덤이 왜 그랬는지 알겠더라고요. 저 때문이 아니라 자라온 환경 때문이라는 걸요. 그걸 알고 나니 여행에 그 돈을 모두 쓰는 건 맞지 않을 것 같아요. 이젠 작은 돈으로도 괜찮아요. 돈 문제의 갈등이 풀리면 저희 사이도 더 좋아질 것 같아요."

은행 예금 잔고가 두둑하든 그달 벌어 빠듯하게 살아가든 돈은 커플들이 다투는 원인 5위 안에 듭니다. 4,574쌍의 커플을 표본 대상으로 진행한 연구 결과[1] 기혼 커플들의 말다툼거리를 통틀어 돈 문제로 인한 싸움이 최고의 이혼 가늠 지표인 것으로 나타났습니다. 그렇다면 커플들의 갈등을 가장 많이 유발하는 네 가지 쟁점은 뭘까요? 바로 섹스, 시가나 처가 가족, 알코올이나 약물 남용, 양육이었습니다.

써도 써도 마르지 않는 신탁재산이 없는 한 일은 돈 문제의 대화에서 빠질 수 없습니다. 이 여덟 번의 데이트를 했던 커플 대다수는 직장에 나가 장시간 근무하거나 학교에 다니며 장시간 공부했습니다. 그런데 시간과 돈과 일은 수많은 대화, 특히 헌신, 가족, 놀이와 재미, 꿈에 대해 얘기하는 데이트의 대화에 골고루 얽혀 있는 쟁점이었습니다.

대다수 커플의 경우, 돈과 관련된 말다툼거리는 다음의 세 가지로 분류되었습니다. 경제권의 불평등, 경제적 안정에 대한 인식 차이, 돈 문제로 인한 말다툼의 본질에 대한 인식 차이 중 하나였습니다.

특히 돈 문제로 인한 말다툼에 대한 인식 차이가 커플의 이별 여부를 내다볼 수 있는 최고의 지표였습니다. 말하자면 경제 문제로 인한 갈등이 반드시 관계의 성패를 좌우하는 문제가 아니라는 얘깁니다. 오히려 가장 중요한 문제는 커플이 경제적 의견 차이를 놓고 대화를 나누는 방식입니다.

커플들은 낭비형과 절약가형이라는 정형화된 유형의 관점에서 서로를 이분법적으로 바라보지 않도록 유의해야 합니다.

낭비형은 행복한 삶을 살기 위해, 다시 말해 가족이 안락하고 만족스럽고 넉넉하고 건강하고 재미있게 사는 삶을 위해 돈을 현명하게 쓰고 있다고 자부합니다. 절약가형은 이런 낭비형을 정형화시킬 때 경솔하거나 생각 없거나 충동적이거나 헤프거나 도가 지나치거나 제멋대로인 사람으로 표현합니다.

절약가형은 자신을 실용적이고 신중하고 현명하고 금욕적이라고 생각합니다. 돈을 성취, 안정, 성공, 힘, 걱정으로부터의 해방, 미래에 대한 투자, 미래의 유산으로 중요하게 생각합니다. 낭비형은 이런 절약가형을 정형화시킬 때 인색하거나 차갑거나 심술궂거나 구두쇠 같거나 이기적이거나 까다롭거나 모으기만 하지 즐길 줄 모르는 사람으로 표현합니다.

사실 누구나 경우에 따라 절약가형도 되고 낭비형도 됩니다. 이러한 정형화는 파트너에게 돈이 어떤 의미를 갖는지를 이해하는 데 도움이 되지 않습니다. 하지만 각자에게 돈이 어떤 의미인지를 잘 이해해야 돈 문제로 인한 갈등이 생길 때 잘 헤쳐 나갈 수 있습니다.

결혼을 했든 안 했든 돈으로 인한 갈등은 숫자의 문제가 아니라 돈의 의미에 관한 문제입니다. 돈으로 즐거움도 사고 안정도 삽니다. 어떤 커플이든 이 둘의 균형을 맞추는 것이 도움이 됩니다. 이때의 궁극적인 목표는 돈이 상징하는 자유와 권능의 균형을 돈의 또다른 상징인 안정과 신뢰로 맞추는 일입니다.

각 파트너는 저마다의 가정사와 결부되어 있으며, 돈에 얽힌 일련의 독자적 감정과도 결부되어 있습니다. 누구나 돈에 얽힌 유산을 갖고 있습니다. 대대로 전해지는, 그 가족 특유의 돈에 대한 의미로 얽힌 내력이 있습니다.

일과 사랑의 균형 맞추기

일은 관계에 거의 맞먹을 만큼 우리의 시간, 에너지, 헌신을 요구하기도 합니다. 사실 일이 관계에서 제3자로 끼어드는 경우도 흔합니다. 따라서 일에 대한 헌신과 돈벌이에 관한 대화 나누기는 두 사람의 관계나 결혼생활에서 헌신의 의미를 논의하는 일 못지않게 중요합니다.

관계는 우리에게 시간을 요구하고 일 역시 우리에게 시간을 요구합니다. 그렇다고 결혼생활을 잘 이어가기 위해서 둘 중 하나를 선택해야 한다는 식으로 생각하는 것은 잘못입니다. 문제는 일과 파트너에 대한 헌신이 충돌할 때 불거집니다. 그러므로 양쪽에 대한 헌신을 두루두루 충족시킬 방법을 찾는 것이 관계를 잘 이어가기 위한 근본적인 토대입니다.

두 사람 중 한 명이나 두 명 다 주당 60시간이나 80시간, 심지어 100시간까지 일하고 있다면 확실히 관계에 쏟을 시간이나 에너지는 별로 남지 않게 됩니다. 이것은 단순히 수치로만 따져도 답이 나오는 게임입니다. 게다가 격언에도 있듯, 죽음을 맞이할 때 "사무실에서 더 많은 시간을 보내지 못한 게 후회돼"라고 말하는 사람은 없습니다.

두 사람 중 한 명이 말도 못하게 오랜 시간 동안 근무하면서 과도한 스트레스를 받고 직업상의 압박에 시달리고 있거나, 야망이나 큰돈 모으기를 내세워 관계를 희생시키고 있다면 그런 생활은 지속가능성도 없을 뿐더러 행복한 결혼생활에 도움도 되지 않습니다.

존과 줄리는 매년 신혼여행을 떠납니다. 이 여행은 두 사람이 결혼생활을 축하하고 기리기 위해 만든 의식입니다. 말하자면 두 사람의 관계가 처음 결혼했을 때처럼 여전히 직업, 가족, 친구들, 이런저런 의무를 뒷전으로 미루고 시간을 따로 뺄 가치가 있을 만큼 중요하다는 점을 증명하기 위한 방법이죠.

이렇게 여행을 떠나기가 쉬운 일은 아닙니다. 둘 다 임상 진료를 하며 까다로운 연구를 벌이고 있는 데다 때때로 책을 쓰느라 마감일에 쫓기기까지 하며 바쁘게 생활하고 있으니까요.

한번은 존이 71세 때 꿈꾸던 작업을 추진하기로 마음먹었습니다. 15년에 걸쳐 사랑을 이해하기 위해 수학 방정식과 물리학 법칙을 활용해 벌인 활동을 정리해 심리치료가들을 위한 책을 써보기로 한 것입니다.[2] 정말로 야심찬 프로젝트였고 존은 이 일에 매달리는 매 순간에 애착을 가졌습니다.

존은 어렸을 때 다섯 식구가 방 한 칸짜리 아파트에서 살았습니다. 그때 할 일을 할 때는 집중력을 발휘해 주변의 모든 것에 신경을 끊을 수 있는 놀라운 능력을 키웠습니다. 이런 고도의 몰입 상태에서 일을 하고 있을 때는 같은 방에 있던 누군가가 이름을 불러도 듣지 못할 정도가 됩니다.

지금까지 이런 능력 덕분에 박사학위도 취득했고, 러브랩에서 몇 시간 동안 커플들의 아주 세세한 버릇과 말투를 심도 있게 연구할 수 있었습니다. 심리치료가들을 위한 그 책을 쓸 때도 존은 굉장한 의욕을 갖고 몰입하며 사명감에 차 있었습니다. 그리고 그 사명감은 심지어 줄리를 포함해 그의 삶을 이루는 다른 것보다 우선이 되었습니다.

연례 신혼여행을 떠날 준비를 하느라 짐을 쌀 때였습니다. 존은 수학 방정식과 물리학 책들에 더해 연구 논문과 그래프 자료와 복잡한 공식집까지 여행가방에 넣었습니다. 온통 일에 정신이 쏠려 있었습니다. 이 일은 존에겐 우선순위에 놓아야 할 만큼 중요한 일이었습니다. 이미 1년 전부터 극진한 노력을 쏟아온 일이었죠.

여행을 떠난 첫 5일 동안 존은 하루에 16시간씩 이 책의 작업에 매달렸습니다. 수학의 세계에 푹 빠져들었습니다. 그러던 다섯째 날 밤, 두 사람은 좋아하는 이탈리아 레스토랑 앞에 차를 세우고 안으로 들어갔습니다. 은은한 조명이 감돌고 구석에 놓인 피아노에서 낮은 연주 소리가 흘러나오는 곳이었습니다.

존은 메뉴판을 훑어본 후 줄리에게 뭘 먹고 싶은지 물었습니다. 줄리는 말하려다가 말고 울컥 눈물을 흘렸습니다. 존은 줄리가 왜 우는지 어리둥절했습니다. 그 순간 줄리가 이번 여행의 5일을 비롯해 이번 해에 얼마나 비참함을 느꼈는지 죄다 쏟아냈습니다.

듣고 보니 두 사람의 사랑을 다시 잇고 축하하기 위한 특별한 시간이 되어야 할 이번 신혼여행 내내 존은 줄리에게 제대로 신경을 써주지 않았습니다. 자신의 연구 활동을 책으로 정리하기 위한 의욕이 넘치다 못해 두 사람의 신혼여행을 비롯한 모든 일을 뒷전으로 미루고 있었던 것입니다.

줄리의 눈물을 보자 존은 마음이 흔들려 한 방향으로만 쏠려 있던 극도의 집중을 깨뜨렸습니다. 물론 존은 자신의 일을 사랑했고 다른 심리치료가들을 위해 쓰고 있는 이 책으로 자신의 커리어를 더욱 발전시키고 싶었지만 그 순간 깨달았습니다. 줄리를 향한 사랑과 그 일 사이에 균형을 맞춰야 한다는 것을요.

존이 연례 신혼여행 중 하루에 16시간씩 책의 집필에 매달렸던 것은 두 사람이 이 시간을 서로 유대를 다시 다지며 보내기로 했던 맹세와의 충돌이었습니다. 존은 명색이 결혼생활 전문가였는데도 줄리의 눈물을 보고 나서야 그동안 자신이 우선순위의 균형 맞추기에서 한참 이탈해 있었음을 깨달았습니다.

물론 작업 중이던 책은 꿈꾸던 일이었지만 그 순간엔 인정할 수밖에 없었습니다. 장시간의 연구와 집필 작업이 존에게는 이로운 활동일지 몰라도 자신과 줄리와의 관계에는 이롭지 않다는 것을요.

특히 특별한 시간을 보내고 있는 중에 이러한 균형 이탈은 더 이롭지 않습니다. 줄리가 존에게 요구했던 것은 존에게 그토록 의미가 큰 일을 영영 그만두라는 게 아니었습니다. 그 책과 자신 중에서 선택하라는 게 아니었습니다. 단지 신혼여행 동안만 일을 그만하라는 것이었습니다.

예를 들어 당신이나 당신의 파트너가 어떤 사업을 막 시작했다면 시간과 헌신을 쏟아부으며 장시간 일에 매달려야 할 것입니다. 그렇지만 하고 있는 일에 기울이는 헌신과 경제적 전망에 대해 솔직히 밝히고 미리 파트너와 상의해 합의를 보기만 한다면 관계를 망치지 않을 수 있습니다.

게다가 장시간 일에 매달리는 것도 평생 지속되는 게 아닙니다. 지원을 받고 있거나 일을 하지 않아도 될 만큼 재산이 많지 않은 한 누구나 먹고 살기 위해 일을 해야 합니다. 공과금을 내야 하고 의식주의 문제도 해결해야 합니다.

일은 곧 돈을 의미하지만 한편으론 개인적 충족감, 성취감, 심지어 삶의 목표와 의미, 열정을 의미하기도 합니다.

인생의 짐을 나눠 들기

1950년대에는 일과 돈의 문제로 얘기를 나누는 경우가 흔치 않았습니다. 남자들은 가장으로서 부양을 책임지고, 아침마다 출근했습니다. 한번 직장에 들어가면 평생직장이 보장되었습니다. 남자는 생활비를 벌며 권한을 쥐었습니다. 여자들은 결혼을 하면 집안에 묶여 아이들을 키우고 요리와 청소를 했습니다.

대중 매체에서는 해가 지면 여자가 문 옆에서 다정한 얼굴로 남편을 맞아주며 열심히 일하고 온 남편을 위해 손에 칵테일을 들고 있는 식의 이미지를 강하게 각인시켰습니다. 하지만 이것은 어디까지나 1950년대의 얘기입니다.

이제는 모든 것이 달라졌고, 이런 전통적 역할도 끊임없이 변해왔습니다. 여자들은 일과 양육을 병행하고 남자들도 일과 양육을 병행합니다. 요즘은 아버지들이 집에서 살림을 맡아 아이를 돌보는 가정이 드물지 않습니다. 여전히 어머니들이 집안 살림을 맡는 가정도 있습니다. 이보다 흔한 형태는 맞벌이 부부입니다. 이상적 상황이라는 전제 하에 말하자면 이제 집안일은 분담되고 있습니다. 양육도, 생활비와 권한도 분담되고 있습니다.

스테파니 쿤츠가 『가보지 않은 길 _The Way We Never Were_』에서 지적했듯 사람들이 추억하는 1950년대의 생활상에는 단점이 있습니다. 당시 기혼 여성은 대체로 우울하고 불안한 생활을 했습니다. 자신만의 꿈을 가질 권리도 의식하지 못하고 경제적 자유도 없이 남편에게 의존해 살면서 약으로 슬픔과 분노를 다스리며 살았습니다. 결혼하지 않고 사는 남녀, 게이나 레즈비언 또는 기존 관습과 다른 관계들은 대체로 문화권에서 배제되었습니다.

현재 25~32세의 여성은 같은 연령의 남성에 비해 더 높은 교육 수준을 갖추고 커리어를 시작하고 있습니다.[3] 일하는 여성의 38퍼센트는 최소한 4년제 대학 학위 취득자로 같은 연령대 남성의 31퍼센트보다 높습니다. 사실, 2015년에 미국에서는 여성이 IT업종과 전문직 종사자의 반 이상(51퍼센트)을 차지했습니다.[4]

미국의 조사기관 퓨 리서치에 따르면, 고소득직 취업을 '삶의 가장 중요한 일로 꼽는' 여성의 비율이 같은 연령군의 남성의 비율보다 훨씬 높은 것으로 나타났습니다.[5] 커리어를 상위에 놓는 비율이 여성은 66퍼센트로 나타나 남성의 59퍼센트보다 높았습니다. 그런데 같은 조사에서 남성과 여성 모두 원만한 결혼생활을 출세보다 더 중요하게 여긴다는 것이 밝혀졌습니다. 어느 시대든 사랑이 일을 이기는 모양입니다.

이쯤에서 반가운 소식이 있습니다. 사람들이 일과 사랑 중에서 선택해야 할 필요가 없다는 사실입니다. 연구를 통해 증명되었듯 결혼생활이 행복한 사람은 직업생활에서도 행복할 가능성이 더 높습니다. 그 반대로 직업만족도를 통해 결혼만족도를 가늠해 볼 수도 있지만 연구가들이 밝혀낸 바로는 상호 연관성이 비교적 약한 편입니다.[6]

그런데 커플에게 확실한 갈등 유발 요인으로 작용하는 일이 있습니다. 바로 무보수 노동입니다. 커플들은 바깥일이나 돈 버는 일보다 설거지, 청소, 빨래 등의 집안일의 분담을 놓고 더 빈번히 싸웁니다.[7]

2007년도 퓨 리서치의 조사 결과를 보면 신의와 만족스러운 성생활에 이어 가사 분담이 원만한 결혼생활의 가장 중요한 요소로 나타났습니다. 충분한 소득, 만족스러운 주거지, 종교적 신념의 공유, 관심의 공유, 자녀 모두 가사 분담보다도 순위가 높았습니다.

가사 도우미를 고용한다면 특히 자녀들이 있는 경우라면 그 비용은 연 9만 달러가량 들게 됩니다. 집을 청소하고, 개인 구매대행과 비서 일과 심부름을 해주고, 아이들을 돌보는 '전통적' 집안일을 전담하는 배우자가 이 정도의 돈을 받을 만큼 일을 하고 있다는 얘깁니다. 9만 달러는 큰돈이며 이 정도의 일은 막대한 노동입니다. 이런 일은 돈을 주고 사람을 써서 시키거나 두 사람 중 누군가가 맡아야 합니다.

노동통계청이 발표한 1965년부터 2011년까지의 생활시간조사 자료에 따르면 남성과 여성이 보수 노동, 무보수 노동, (자녀가 있는 경우의) 육아에 할애하는 총시간은 남성이 주당 평균 59시간, 여성이 58시간으로 대략 비슷했습니다.

더 세부적으로 보면 1965년에 남성이 가사나 육아 같은 무보수 노동에 할애하는 시간이 주당 평균 6.5시간이었다면 2011년에는 17시간이었습니다.[8] 반면에 여성은 과거엔 가사에만 주당 평균 32시간을 할애했는데 2011년에는 이 수치가 (가사의 짐을 분담하는 남자들 덕분에) 18시간으로 줄었습니다.

노동에 관한 한 남성과 여성의 역할은 융합되고 있는 중입니다. 21세기에 노동의 분담에서 맞거나 틀린 방법이 따로 없습니다. 두 사람에게 도움이 되면 어떤 방법이든 맞는 방법입니다. 협력적 결혼생활의 시대에서 당신은 한 팀의 일원이므로 두 사람의 관계와 삶에 어떤 방법이 도움이 될지 함께 결정해야 합니다.

그 방법이 상황에 따라 바뀌게 된다는 점도 명심하세요. 아이가 생기거나 이직을 하거나 서로의 꿈을 응원하기 위해 함께 노력하게 되면 그에 따라 바뀌게 마련입니다. 일은 단순히 급여를 의미하지 않습니다. 일과 돈의 의미를 바라보는 당신의 관점은 평생에 걸쳐 변하게 되어 있습니다.

함께 우선순위 정하기

일과 돈벌이는 당신의 인생 시기에 따라 다른 의미를 띠게 마련이며 둘 사이에 적절한 균형을 맞추기가 어려운 경우도 생깁니다. 당신이 일과 관련해서 내리는 선택에 따라 당신의 관계는 희생을 치르기도 하고 이로움을 얻기도 합니다.

당신과 파트너가 매일 오후 5시에 퇴근해서 외출 준비를 하거나 저녁을 요리하거나 헬스장에 가거나 깊이 있는 대화를 나누게 될 거라고 생각하면서 장기적 관계나 결혼생활을 시작하면 그것은 좌절을 자초하는 격입니다. 때로는 과다한 업무량에 당신의 여유 시간과 관계를 전적으로 뺏기는 기분이 들게 될 것입니다. 그러니 이런 시기를 잘 넘길 만큼 관계를 탄탄히 다져놓아야 합니다.

레이철은 레지던트 과정을 밟을 때 더글러스와 함께할 시간이 너무 없었습니다. 근무 시간이 가혹할 만큼 길어서 잠도 제대로 못 자던 처지라 매주의 밤 데이트를 빼고는 서로 볼 틈도 없었습니다.

더글러스는 내과의사가 되고 싶어 하는 레이철의 꿈을 응원했지만 유대를 나누며 함께 시간을 보낼 수 없게 되면서 둘 사이에 틈이 벌어졌습니다.

두 사람 모두 불만을 느꼈고 서로 잠깐씩 보는 시간에 말다툼이 잦아졌습니다. 여전히 밤 데이트의 약속을 잡긴 했지만 데이트 중 둘 다 좌절감과 외로움을 느꼈습니다. 레이철이 기억을 더듬으며 말했습니다.

"유독 잊히지 않는 밤 데이트가 있어요. 그날은 우리가 살던 아파트 단지의 주차장도 빠져나가지 못하고 끝났어요. 그냥 차 안에 나란히 앉아 있었어요. 저는 피곤에 절어 감각이 없고 좀 멍했어요. 그때 저는 우리 두 사람을 위해 아주 열심히 일하고 있었지만 저의 혹독한 레지던트 과정 중에 어쩌다 보니 우리를 잃어버렸어요. 오로지 일밖에 남지 않았다는 생각이 들어 전 더글러스를 돌아보며 말했어요. '우리 사이가 잘못될까 봐 불안해.' 제가 그 말을 입 밖으로 내뱉었던 순간 더글러스도 저도 둘 다 똑같이 충격을 받았던 것 같아요."

바로 이때 두 사람은 취약성을 드러내고 솔직해지면서 입 밖으로 좌절감을 털어놓을 수 있게 되었습니다. 두 사람은 차 안에 앉아 있다가 서로 헤어져 함께 했던 그 모든 것을 잃게 될지 모른다는 생각이 들어 흐느껴 울었습니다. 생각만 해도 끔찍했습니다. 그런데 그 주차장 한복판에서 레이철은 어떤 깨우침을 얻었습니다.

"저에게 결혼생활이 다른 무엇보다 중요하다는 것을 깨달았어요. 선택을 내려야 하는 순간에 이른다면 의사 일을 포기하고 다른 일을 하기로 마음먹게 될 것 같았어요."

레이철은 위기의 와중에 우선순위가 확실해졌습니다. 그 뒤로 의사 일을 그만두는 대신 레지던트 지도교수를 찾아갔습니다. 연중무휴로 대기하는 생활 때문에 결혼생활을 무너뜨리고 있다고 하소연하며 한 달 정도 휴가가 필요하다고 말했습니다. 그 한 달 동안 레이철과 더글러스는 두 사람의 삶과 결혼생활에서 우선순위로 삼을 일들을 목록으로 정리했습니다.

그 목록의 첫줄은 두 사람의 건강과 정신적 행복이었고, 그 다음이 두 사람의 결혼생활이었습니다. 또 그 다음은 가족, 일, 돈의 순서였습니다. 이 세 가지도 중요한 문제였지만 레이철과 더글러스에게 최우선순위는 아니었습니다.

모든 커플이 우선순위에 대한 합의를 이뤄야 하지만 커플마다 합의 내용은 다르게 마련입니다. 당신과 파트너가 두 사람만의 우선순위와 중요시하는 문제에 대해 얘기하며 정해야 합니다.

시간과 에너지 관리하기

요즘은 한쪽 파트너가 너무 일을 많이 해서 불만인 경우가 비일비재합니다. 멋진 결혼생활을 이어가려면 두 사람 모두 상대방에게 시간과 에너지를 내주어야 합니다. 당신이 일을 너무 많이 하는 배우자이든 일을 너무 많이 하는 파트너 때문에 불만을 가진 배우자이든 대화로 양쪽의 관점을 살펴보는 것이 좋습니다.

대체로 우리의 정체성, 목표, 자긍심은 '우리가 하는 일'과 연계됩니다. 그래서 장시간 일을 하게 됩니다. 하지만 장시간 일을 지속적으로 이어가면 대가가 따릅니다. 더글러스와 레이철처럼 두 사람 모두 점점 정서적 유대가 단절된 기분을 느끼게 됩니다. 그렇게 되면 두 사람의 관계가 위태로워지고 맙니다.

한쪽 파트너의 업무 일정 때문에 두 사람이 함께할 시간을 양보하는 상황에 처했다면 서로에게 다음의 질문을 해보세요.

장시간 일하는 파트너라면 다음과 같이 물어보세요.

- 당신에게 일이란 어떤 의미야?
- 일을 통해 느끼는 즐거움이나 만족감은 뭐가 있어?
- 당신의 삶에서 일로 충족감을 느끼려면 뭐가 필요해?
- 돈 걱정할 일이 없어서 굳이 일을 할 필요가 없다면 하루를 어떻게 보내고 싶어?

장시간 동안 일하는 상대방 때문에 절망스러운 파트너라면 다음과 같이 물어보세요.

- 파트너가 옆에 없다는 게 당신에게 어떤 의미야?
- 파트너가 너무 오래 곁을 비우면 파트너의 어떤 면이 그리울 것 같아?
- 당신이 정서적이나 육체적이나 지적이나 정신적 유대의 측면에서 갈망하는 게 뭐야?

두 사람의 관계에서 장시간 일하는 것이 쟁점이 될 때마다 위의 질문들을 활용하면 서로를 이해하는 데 도움이 됩니다. 시간을 어떻게 할애할지 선택하는 문제는 관계에도 영향을 미칩니다.

당신이 하루 24시간을 보통 어떻게 보내는지 생각해 보는 시간을 가져보세요. 원그래프를 그려서 통상적인 하루 일과를 정리해 보세요. 서로 떨어져서 일(바깥에서의 보수 노동)을 하며 보내는 시간이 얼마나 되고 같이 하는 일(집에서의 무보수 노동)을 하며 보내는 시간은 얼마나 되나요? (함께 사는 다른 가족이 있다면) 가족은 모두 몇 명인가요? 혼자 보내는 시간은 얼마나 되나요?

이번에는 두 번째 원그래프를 그려 이런 시간들의 이상적인 시간을 적어넣어 보세요. 예를 들어 하루에 유대를 갖는 시간은 3시간, 혼자 보내는 시간은 2시간쯤 되었으면 좋겠는데 실제로는 두 경우 모두 1시간 정도밖에 안 된다면, 당신이 노력을 기울여야 할 시간이 어느 쪽이고 당신의 우선순위가 어떻게 되는지 확인하는 셈입니다.

두 사람이 관계를 시작한 초반에 함께하는 시간을 우선순위에 두었다면 시간에 대한 그런 공통 가치를 균형 잡기의 기준으로 삼을 수도 있습니다. 두 사람이 함께 세워둔 공통 목표가 있으면 두 사람이 결심했던 것과 어긋나는 쪽으로 균형이 바뀌었을 때 두 사람의 관계에서 요긴한 기준이 됩니다.

돈이 얼마면 충분할까

개개인의 돈과 관련된 개인사는 경우에 따라 의외의 방식으로 관계에 영향을 미칩니다. 따라서 돈, 관대함, 권한, 부에 얽힌 가족의 유산이 어떻게 되는지 살펴보아야 합니다. 당신은 가난, 의존과 자립, 강함과 약함, 박애주의, 시민의 책임, 사치, 성취에 대한 자부심에 대해 어떤 정서적 내력과 사고방식을 가지고 있나요?

돈에 대해 서로 다른 내력을 가진 두 사람이 만나면 그 두 내력을 융합하는 도전 과제를 회피해서는 안 됩니다. 그렇지 않으면 서로 다른 내력을 다루지 않은 뒷감당을 해야 합니다. 이런 도전 과제를 수행하려면 우선 자신의 내력을 이해한 후, 이어서 파트너의 내력도 이해해야 합니다.

유대교의 경전 『탈무드』에서는 부자란 충분히 가진 사람이라고 가르치고 있습니다. 하지만 충분한 돈은 상대적인 말입니다. 절약하며 그럭저럭 살아가고 있는 경우든 펑펑 써도 될 만큼 돈이 아주 많은 경우든 돈은 커플들에게 중요한 갈등 원인이 되곤 합니다.

그렇다면 어느 정도가 충분한 돈일까요? 커플들은 분수에 넘치는 생활을 하거나 한쪽 파트너가 큰 빚을 지거나 서로에게 금전상의 비밀을 만들거나 두 사람의 금전적 목표 달성을 위해 한 팀으로서 협력하지 않을 경우 당연히 돈 문제로 갈등을 겪게 됩니다.

집세나 담보대출금 납부, 공과금 내기 등 누구에게나 금전상의 단기적인 목표는 있습니다. 또 대다수 커플은 장기적인 목표를 세워둡니다. 함께 예산을 짜는 일은 단기적 기간이나 장기적 기간의 금전적 책임과 욕구를 충족시킬 만한 계획을 구상하기에 좋은 방법입니다. 이때는 트레버와 애덤이 그랬던 것처럼 충분한 돈의 액수에 대해 각자의 관점이 아주 다를 수도 있습니다. 돈이란 게 다양한 상징적 의미를 띠기 때문이지요.

우리가 이성애 커플들을 대상으로 조사한 바에 따르면 돈의 문제에 관한 한 남성과 여성은 큰 차이가 있었습니다. 여성은 대체로 저축을 잘하지 않는 편이었습니다. 1946~1964년에 태어난 (베이비부머 세대) 여성 중 58퍼센트 이상의 퇴직연금 저축액을 살펴보았더니 그들의 저축액은 1만 달러가 채 안 되었습니다. 이 수치로 추산하면 현재 25~55세의 여성 가운데 30~50퍼센트가 70세가 되면 궁핍한 생활을 하게 될 것으로 예상할 수 있습니다.

한편 대다수 여성에게는 충분한 돈의 소유가 다양한 의미를 띠기도 합니다. 여성은 충분한 돈을 대개 사랑, 존중, 안정과 동일시합니다. 충분한 돈을 사회적 용인, 매력, 힘과 동일시하기도 합니다.

남성의 경우엔 대체로 돈과 힘을 연계 짓는 경향을 보입니다(이런 경향은 여성에게서도 있지만 우리의 조사 결과대로라면 남성에게 더 흔합니다). 남성은 돈과 관련한 질문을 받으면 돈을 유능함, 책임감, 부양자와 동일시하는 식의 답변을 내놓습니다. 충분한 돈을 대개 힘, 자립, 성숙,

경쟁, 사회적 힘, 승리와 동일시하는 편입니다.

결론적으로 돈이란 지출과 예산, 저축이나 지출과 관련된 계산을 넘어서는 의미를 띱니다. 따라서 당신에게 돈이 어떤 의미인지 깨닫는 한편 파트너에게 돈이 어떤 의미인지도 이해해야 합니다.

| 데이트 전 점검하기 | 일과 돈

 돈에 얽힌 나의 가족 내력

데이트를 하기 전에 각자가 따로 아래의 질문에 답해보세요. 그런 다음 서로의 대답을 보며 얘기해 보세요.

각 질문을 읽고 솔직하게 대답해 보세요.

• 외조부모와 친조부모는 무슨 일을 하셨나요?

• 조부모님들은 얼마나 부유하셨나요?

• 부모님은 무슨 일을 하셨나요?

• 부모님은 얼마나 부유하셨나요?

• 부모님이 돈을 대하는 태도는 어떠셨나요? 어릴 때 당신은 부모님의 이런 금전 개념을 어떻게 생각했나요?

• 부모님은 돈을 쓰는 것에 불편해하지 않으셨나요? 어릴 때 당신은 이런 태도를 어떻게 생각했나요?

• 부모님이 돈을 저축하거나 투자를 하셨나요? 어릴 때 당신은 이런 태도를 어떻게 생각했나요?

• 당신이 자랄 때 가족끼리 가족 휴가나 여행을 다녔나요? 어린 시절의 당신은 이런 휴가를 어떻게 생각했나요? 돈 문제를 가족이 상의했나요?

• 가족들이 오락거리를 즐겼나요? 어린 시절의 당신은 이런 분위기를 어떻게 생각했나요?

- 가족들이 박애주의 활동이나 자선활동에 적극 참여했나요?

- 어릴 때 용돈을 받았나요? 어린 시절의 당신은 이것을 어떻게 생각했나요?

- 당신이 일을 해본 경험은 어떻게 되나요?

- 당신에게 돈의 의미는 무엇이고 그 이유는 무엇인가요?

- 부모님이 생일을 축하해 주셨나요? 그때 당신 자신이 특별한 사람처럼 느껴졌나요?

- 생일 케이크로 축하를 받았나요? 어린 시절의 당신에겐 케이크를 받는 일이 얼마나 중요했나요?

- 부모님이 당신을 자랑스러워한다는 걸 겉으로 표현했나요? 아니면 그러지 않았나요?

- 특별한 날이 되면 선물을 받았나요? 어린 시절의 당신에겐 그런 일이 중요했나요?

- 부모님이 금전 개념을 가르쳐줬나요? 지금 와서 돌이켜볼 때 그런 가르침이 어떻게 느껴지나요?

- 가족의 내력을 통해 돈에 대해 어떤 개념을 배웠나요? 현재 당신의 태도는 어떤가요?

- 가족들의 돈에 대한 가치관은 어땠나요? 어떤 부분에 공감했고 어떤 부분에 공감하지 않았나요?

- 돈과 관련해서 가장 고통스러웠던 기억은 뭔가요? 그 기억을 파트너에게 얘기해 주세요.

- 돈과 관련해서 가장 행복했던 기억은 뭔가요? 그 기억을 파트너에게 얘기해 주세요.

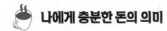 **나에게 충분한 돈의 의미**

당신과 파트너 모두 아래의 질문지에 따로 답을 적으면서 나중에 그 답변을 놓고 서로 논의해 볼 준비를 해보세요.

각 항목을 읽고 그에 대한 당신의 관점에 비추어 아래의 지침 중 해당하는 숫자에 동그라미를 치세요.

5=강하게 공감 4=공감 3=공감도 비공감도 아님 2=비공감 1=강하게 비공감

- 나에겐 충분한 돈의 소유가 힘을 갖는 것을 의미한다.

  5 4 3 2 1

- 나에겐 충분한 돈의 소유가 자립을 의미한다.

  5 4 3 2 1

- 나에겐 충분한 돈의 소유가 강함을 의미한다.

  5 4 3 2 1

- 나에게 충분한 돈이란 어느 누구에게도 의존하지 않는 것이다.

  5 4 3 2 1

- 나에게 충분한 돈이란 책임감이다.

  5 4 3 2 1

- 나에게 충분한 돈이란 걱정 없이 느긋해질 수 있는 여유다.

  5 4 3 2 1

- 나에게 충분한 돈이란 내가 좋아하는 걸 할 시간의 여유다.

  5 4 3 2 1

- 나에게 충분한 돈이란 사치를 부릴 수 있는 여유다.

  5 4 3 2 1

- 나에게 충분한 돈이란 창작할 여유다.

  5 4 3 2 1

- 나에게 충분한 돈이란 남들에게 베풀 수 있는 여유다.

  5 4 3 2 1

- 나에겐 충분한 돈의 소유가 사랑, 보살핌, 애정을 의미한다.

  5 4 3 2 1

- 나에겐 충분한 돈의 소유가 안심, 안전, 안정을 의미한다.

  5 4 3 2 1

- 나에겐 충분한 돈의 소유가 유능하다는 느낌을 의미한다.

  5 4 3 2 1

- 나에겐 충분한 돈의 소유가 통제력의 소유를 의미한다.

  5 4 3 2 1

- 나에겐 충분한 돈의 소유가 긍정적 자존감을 느끼게 해주는 것이다.

  5 4 3 2 1

- 나에겐 충분한 돈의 소유가 자신과 남들에게 인정받을 수 있는 자격을
  의미한다.

  5 4 3 2 1

- 나에겐 충분한 돈의 소유가 열심히 노력한 것에 대한 보상을 의미한다.

  5 4 3 2 1

- 나에겐 충분한 돈의 소유가 성인으로서의 성공을 의미한다.

  5 4 3 2 1

- 나에겐 충분한 돈의 소유가 스트레스 예방을 의미한다.

  5 4 3 2 1

- 나에겐 충분한 돈의 소유가 방종을 부릴 수 있는 자격을 의미한다.

  5 4 3 2 1

- 나에겐 충분한 돈의 소유가 존중받는 느낌을 의미한다.

  5 4 3 2 1

- 나에겐 충분한 돈의 소유가 성인으로서의 책임지기를 의미한다.

  5 4 3 2 1

- 나에겐 충분한 돈의 소유가 더 높은 성적(性的) 기회를 의미한다.

  5 4 3 2 1

- 나에겐 충분한 돈의 소유가 굉장한 자유를 의미한다.

  5 4 3 2 1

- 나에겐 충분한 돈의 소유가 친교 능력을 의미한다.

  5 4 3 2 1

- 나에겐 충분한 돈의 소유가 풍족하고 안락한 느낌을 의미한다.

  5 4 3 2 1

- 나에겐 충분한 돈의 소유가 삶의 공허함을 채우는 것을 의미한다.

  5 4 3 2 1

- 나에겐 충분한 돈의 소유가 행복해질 수 있는 능력을 의미한다.

  5 4 3 2 1

돈을 둘러싼 갈등을 헤쳐 나갈 최선책은 두 사람의 돈에 얽힌 내력의 공통점과 차이점을 이해하는 일입니다. 각자에게 충분한 돈의 소유가 의미하는 바는 무엇일까요?

이번 질문지를 통해 파트너에게 돈이 어떤 의미를 갖는지 깊이 있게 이해해 보세요. 각자 서로의 관계를 더 풍족하게 만드는 데 시간적으로든 금전적으로든 얼마나 기여하고 있는지 생각해 보세요. 파트너의 돈과 관련된 내력을 이해하는 데 너무 이른 시기도, 너무 늦은 시기도 없습니다.

평생의 사랑을 이어가면서 갈등도 줄이려면 각자가 가진 것, 각자의 기여, 함께 일구어가고 있는 것에 대한 감사함도 표현하세요. 돈에 대해 서로 다른 의미를 갖고 있으면 돈을 대하는 태도도 서로 달라지게 됩니다.

두 사람의 돈에 대한 태도를 양립시킬 방법은 찾아보면 얼마든지 있습니다. 힘들게 번 돈의 지출과 저축하는 방법에 대한 의견 차이를 피하기 위해 지금 당장 의논하는 시간을 가져보세요. 이것은 해볼 만한 가치가 있는 일입니다.

❝ |데이트 실전| 일과 돈 ❞

대화의 주제

우리는 우리의 관계를 얼마나 중요하게 여기고 있을까? 우리에겐 일과 돈에 관련해서 어떤 내력이 있고, 서로에게 충분한 돈의 소유는 무엇을 의미할까?

마음가짐

이번 장을 읽어보고 데이트에 앞서 파트너가 관계나 가족을 풍족하게 만드는 데 보수와 무보수로 기여하는 점에 감사한 마음을 갖고 있는 일 세 가지를 생각해 보세요. 데이트 초반에 이 세 가지를 얘기해 주세요.

'돈에 얽힌 나의 가족 내력' 질문지에 답해보고 '나에게 충분한 돈의 의미' 질문지도 작성해 두었다가 데이트에서 이야기를 나눠 보세요.

데이트 장소

이번 데이트는 비용이 한푼도 들지 않거나 가능한 한 적게 들어야 합니다. 두 사람이 관계를 이어온 동안 수입이 늘어왔다면 수입이 더 적었을 경우에 했을 법한 일을 해보세요. 레스토랑에서 데이트할 생각이라면 좋아하는 곳이면서도 어떤 음식을 주문하든 금전적 부담이 없는 곳으로 정해보세요.

데이트 법

5성급 호텔에 가서 로비에 앉아 대화를 나누는 데이트를 추천합니다. 어떤 식으로든 편안하거나 풍족하거나 부유한 느낌이 드는 곳을 장소로 택해보세요. 창의성을 발휘해 보세요. 피크닉을 즐기거나 담요를 들고 공원에 가는 방법도 괜찮습니다.

집 데이트: 좋아하는 식당에서 포장 음식을 사와 집에서 점심을 먹으며 이 질문들에 대한 얘기를 나눠보세요. 이때는 신경 써서 옷을 입으세요. 근사한 자기 그릇에 음식을 담으세요. 집안에 아껴둔 사치품을 꺼내 두 사람을 소중히 대접해 보세요.

챙겨갈 것

이번 장의 '데이트 전 점검하기'에서 대답한 답들을 가져가 서로 비교하며 논의해 보세요. 두 사람의 금전적 내력, 일과 돈에 관련된 각자의 내력과 가치관, 그것이 두 사람에게 의미하는 것을 서로 얘기해 볼 수 있게 준비해 가세요.

주의사항

이번 주제는 예산 짜기나 지출이나 숫자 계산의 문제가 아닙니다. 두 사람 각자에게 돈이 무엇을 의미하는지 이해하고 돈과 일에 대해 솔직히 터놓고 얘기해 보는 것이 관건입니다.

• 파트너의 돈에 대한 가치관을 비난하지 마세요. 돈에 대한 생각이나 태도에는 맞거나 틀린 것이 없습니다.

- 파트너가 일로 받는 스트레스를 과소평가하지 마세요.
- 집안일에 관한 한, 당신이 하고 있는 일과 하고 있지 않는 일에 대해 솔직해지세요. 그리고 당신이 하는 일을 파트너가 하는 일과 비교하거나 저울질하지 마세요.
- 돈에 대한 꿈을 억누르지 마세요.
- 당신이 갖고 있지 않은 것보다 가지고 있는 것에 집중하세요. 과거의 금전적 실수에 연연하지 마세요.
- 파트너가 돈에 대한 꿈을 털어놓을 때 그런 꿈에 반감을 보이거나 비하하지 마세요. 파트너가 자신의 꿈을 털어놓을 때는 그것이 어떤 꿈이든 잘 들어주고 인정해 주세요. 듣다가 이해가 잘 안 될 때는 물어보기도 해야 합니다.

열린 질문

- 파트너가 관계를 풍족하게 만드는 데 기여하는 점에 대해 고맙게 느끼는 (보수 노동이나 무보수 노동) 세 가지를 얘기해 보세요.
- 두 개의 질문지에 대한 답변을 놓고 서로 얘기해 보세요.
- 두 사람이 가진 것 중에 감사하게 여기는 것에 대해 얘기해 보세요.
- 당신이 지금 하는 일에 대해 어떻게 느껴?
- 당신이 하는 일이 미래에는 어떻게 변할 것 같아?
- 돈에 관련해서 가장 두려운 게 뭐야?
- 돈을 쓰는 방법이나 돈을 버는 방법에 대해 마음 편하게 얘기하려면 뭐가 필요해?
- 돈에 대해 얼마나 자주 생각하는지를 1에서부터 10까지의 숫자로

매긴다면 (1=한 번도 안 함, 10=항상 생각함) 몇 정도 돼? 돈 때문에 걱정될 때 내가 어떻게 해주면 안심이 될 것 같아?

• 돈에 대한 희망과 꿈은 뭐야?

함께할 미래를 위한 맹세

돌아가면서 다음 맹세를 서로에게 큰 소리로 읽어주세요. 읊을 때는 눈을 맞춰 주세요.

돈에 대한 당신의 가치관을 존중하고

공통의 금전적 목표를 위해

함께 노력할 것을 맹세합니다.

|스피드 데이팅| **일과 돈**

- 돈은 커플들의 5대 갈등 유발 원인에 듭니다.

- 한쪽 파트너를 절약가형으로, 다른 쪽 파트너를 낭비형으로 전형화하는 것은 도움이 안 됩니다. 파트너 모두 자라면서 내면에 주입된 집안 내력과 가치관이 있습니다. 따라서 두 사람이 할 일은 서로를 한정짓거나 똑같은 가치관을 갖는 것이 아니라 서로를 이해하는 것입니다.

- 일은 결혼생활과 가족을 제외하고, 헌신에서 큰 부분을 차지합니다.

- 일과 돈벌이는 관계에 '제3자'로 끼어들어 시간과 에너지를 요구합니다. 관계와 일 사이의 균형 맞추기는 결혼생활의 성공에서 중요한 토대입니다.

- 돈 문제는 현금의 문제가 아닙니다. 관계를 맺고 있는 각 파트너에게 돈이 어떤 의미를 띠느냐의 문제입니다.

- 커플들은 가사 분담을 신의와 만족스러운 성생활 다음으로 원만한 결혼생활을 위한 중요한 요소로 꼽고 있습니다.

- 두 사람 중 한 명이 일로 인해 압박과 스트레스를 받으며 장시간 노동을 하고 있다면 그 관계에는 자칫 외로움과 정서적 유대 결핍이 생겨날 위험이 있습니다. 그렇게 될 경우 두 사람의 거리는 멀어지고 맙니다.

- 두 사람 모두에게 돈이 어떤 의미를 갖는지 알게 되면 돈을 둘러싸고 벌어질 만한 갈등을 해결하는 데 도움이 됩니다.

- 두 사람이 가진 것, 각자가 두 사람의 관계에 기여하는 것에 대해 감사하는 마음을 키우세요.

다섯 번째 데이트

가정을 이룬다는 게
어떤 의미일까?

가족

"앞으로 어떻게 될지 모르는 상황에서 가족상을 말하기는 힘들어요. 누구나 가족이 가장 중요하다는 건 알지만 파트너와 단둘만의 가족이든, 친구들이 가족 같은 존재이든, 아이들이 있든 그건 말하기 힘든 문제에요. 저는 아이를 갖고 싶어요. 하지만 딱 한 명만 낳고 싶어요. 현재 세계가 인구 과잉 상태이기도 하고, 제가 자랐던 가정과 반대되는 모습 말고는 딱히 이상적인 가족상을 잘 모르겠어요."

자말과 루시아나는 약혼한 사이로, 내년에 결혼할 계획입니다. 두 사람 모두 대가족 속에서 자랐고 아이를 원하고 있지만 몇 명을 낳을지에 대해서는 의견이 갈렸습니다. 루시아나는 자말의 생각에 이렇게 반대했습니다.

"외동은 너무 외롭잖아. 둘을 낳는 건 너무 식상한 가족상 같고. 내 생각에는 셋이 딱 좋아. 식구가 징글징글할 정도로 많지 않으면서도 대가족을 이룰 수 있잖아."

자말은 한 아이만 낳고 싶은 마음이 강했습니다.

"저희 집에서는 자식들이 골고루 관심을 받지 못했어요. 부모님은 자식 다섯을 키우느라 바람 잘 날이 없었어요. 저희를 사랑해 주긴 하셨죠. 하지만 자식이 많다 보니 그랬을 테지만 양육은 늘 필요한 물건을 챙겨주는 정도였어요. 저희는 집에서 가족끼리 보낼 때가 많았는데 그 이유가 밖에 나가 무엇을 할 만한 돈의 여유가 없었기 때문이었죠. 그렇다고 가족끼리 보내는 시간이 화기애애했다고 말할 수도 없어요. 부모님은 맞벌이를 하셨고, 제 생각엔 엄마가 아빠보다 훨씬 더 일을 많이 하셨던 것 같아요. 두 분은 늘 피곤해 하셨어요. 저는 농담이 아니라 진짜로 왜 그렇게 자식을 많이 낳았는지 이해가 안 돼요."

루시아나는 4남매 속에서 컸고 엄마는 집에서 살림만 했습니다.

"엄마는 우리 학교생활과 교우생활에 극성이다 싶게 참견해서 탈이긴 했지만, 엄마로 사는 걸 정말 만족해 하셨어요. 저희는 늘 가족이 함께 저녁을 먹었고 주방에 있던 큼지막한 일정표에는 우리 형제의 활동과 운동 일정이 빠짐없이 적혀 있었어요. 정말이지 저희 엄마는 CEO가 되셨어도 잘하셨을 거예요. 사람들을 관리하는 방면으로 재주가 있었으니까요.

엄마는 스트레스도 받지 않는 사람 같아 보였어요. 엄마가 뭔가에 좌절스러워하는 모습은 평생 본 적이 없어요. 저희들이 모두 독립해 나온 지금도 엄마는 늘 자원봉사에 나서고 YMCA에서 지도 활동을 하세요. 아이들을 정말 좋아하세요. 아빠가 응해주셨다면 엄마는 자식을 10명도 낳으셨을 걸요.

하지만 부모님은 항상 자립성을 강조하셨어요. 저희가 걸음마를 떼면서부터 스스로 하는 걸 가르치셨어요. 대학에 들어가보니 빨래나 계란 요리도 할 줄 모르는 친구들이 있었는데 걔들 때문에 환장할 지경이었죠. 저는 제 커리어를 계속 쌓고 싶지만 아이들에게 시간과 관심을 내주면서 좋아하는 일도 하는 게 가능하다고 생각해요. 벽에 큼지막한 일정표만 걸어 놓으면 잘 해낼 수 있을 것 같아요."

자말과 루시아나에게는 두 사람이 아이를 원한다는 사실에 동의하는 것이 관계의 성패를 좌우하는 문제입니다. 루시아나는 그 문제에 대해 이렇게 말했습니다.

"아이를 원하지 않는 사람하고는 함께할 수 없지만 자녀수에서 의견이 다른 건 괜찮아요. 저희 둘 다 생활에 어떤 어려움이 닥칠지 몰라요. 삶이 급격히 변해 우리가 예상하지 못한 혼란이 생길 수 있으니, 지금은 셋이 저의 이상적 기준이라고 해도 현실 상황에 따라 생각은 얼마든지 바뀔 수 있어요."

하지만 아이를 낳게 되면 심어주고 싶은 인성과 가치관에서는 두 사람 모두 의견이 같습니다. 다음은 자말의 말입니다.

"전 아이에게 근면성을 길러주고 싶어요. 아들이든 딸이든 인정 있고 이기적이지 않길 바라요. 또 욕심이 많거나 버릇없이 자라지 않았으면 좋겠어요."

루시아나는 아이들이 교육 목표를 크게 세우길 바랍니다.

"석사 학위나 그 이상을 목표로 공부했으면 좋겠어요. 교육과 배움을 중시하는 사람으로 키우고 싶어요."

자말은 미심쩍어하는 듯한 표정을 지으며 말했습니다.

"세 아이를 키우려면 그 교육비가 만만치 않겠는걸. 두 아이에게 공부를 중요하게 여기지 않게 타이르지 않는 한 말이야. 부모가 되어서 아이들에게 그럴 수야 없지? 그런 교육 문제 때문이라도 아이를 한 명만 낳아야 되겠다, 그치!"

루시아나는 자말의 농담에 소리 내어 웃었습니다.

"우리 애들이 당신의 유머감각을 물려받으면 좋겠다. 그리고 당신처럼 외향적이었으면 해. 당신은 사교성이 정말 좋잖아. 우리 애들도 다양한 사람들과 편하게 어울릴 줄 알면 좋겠어. 난 소심하고 내향적이라서. 당신은 누구든 잘 포용하는 사람이라 아이들도 당신을 닮으면 좋겠어."

자말은 아이들이 루시아나의 할 수 있다는 태도를 닮길 원한다고 했습니다.

"루시아나는 포기하는 법이 없어요. 원하는 일을 해내려는 끈기가 대단해요. 전 우리 아이도 그러면 좋겠어요. 아니다. 루시아나가 셋을 낳겠다는 생각을 포기하지 않을 테니 우리 아이들이라고 해야겠네요."

희망 자녀수의 문제로 논의하면서 서로 타협하고 유머를 구사할 줄 아는 모습으로 미루어볼 때 두 사람에겐 이 문제가 큰 갈등 요인이 될 것 같지 않습니다. 두 사람은 마음을 열고 유연성을 보이면서 서로의 관점을 진심으로 이해하고 있으니까요. 가족 문제를 다룰 때는 이렇게 유머와 유연성을 발휘하는 것이 좋습니다.

가족의 의미는 사람마다 다릅니다. 그런데 생각이 비슷한 남편과 아내, 두 명의 자녀, 하얀색 울타리의 이미지를 연상시키는 식의 가족의 정의는 이제 신문, 비디오테이프, 전화교환원처럼 구시대적입니다. 현대의 가족은 민족적으로나 정치적으로나 성적으로나 종교적으로나 다양해졌습니다.

이제 가족 구성원은 친자식, 의붓자식, 입양아, 수양자녀, 무자녀, 아직 철이 안 든 남편의 절친 등으로 가족의 형태는 다양해졌습니다. 동성애나 트랜스젠더 부모로 구성된 가족도 있습니다. 당신과 당신의 파트너 단둘이 가족을 이루어 살 수도 있고, 확대가족, 반려동물, 가까운 친구들도 한 가족으로 같이 살 수도 있습니다. 사랑과 귀속감이 느껴지고 안식처같이 느껴지면 어떤 형태든 누구든 다 가족입니다.

당신이 가족을 어떻게 규정할지는 당신과 당신의 파트너에게 달려 있습니다. 이때 가장 중요한 일은 가족의 의미와 두 사람 모두가 원하는 가족상에 대해 이야기를 나누는 것입니다. 그리고 인생 계획에 아이가 있다면 두 사람 사이의 사랑을 (당신의 주 관계를) 확장시켜 다른 사람들과의 사랑까지 아우를 방법을 이해하고 논의한 다음, 그런 미래로 들어서는 것이 상책입니다. 지금 논의를 해두면 앞으로 골치 아플 일이 크게 줄어들게 됩니다.

앞에서도 얘기했다시피 두 사람 중 한 명은 아이를 원하고 다른 한 명은 아이를 원하지 않을 경우 자칫 관계가 파탄에 빠질 수 있습니다. 이 문제에 대해서 당신의 파트너가 마음을 바꿀지 모른다는 막연한 생각을 품은 채 결혼하면 재앙을 자초하는 격입니다.

아이를 원하는지의 여부를 논의해 두는 일 못지않게 서로의 이상적인 가족상에 따라 염두에 둔 자녀수에 대해 논의하는 일 역시 중요합니다. 한 명은 한 자녀 가정을 생각하고 있는데 다른 한 명은 야구팀을 꾸릴 만큼 자식을 많이 낳는 미래를 상상하고 있다면 어떨까요. 그 차이를 정면으로 다루지 않으면 나중에 문제가 생깁니다.

자식을 얻는 건 축복이며 자식은 평생의 사랑입니다. 그런데 한편으로 보면, 자식을 키우는 데는 손이 많이 가고 돈도 많이 듭니다. 통계 자료에 따르면 미국에서 태어난 2015년생 아이를 기준으로 볼 때 17세까지의 평균 양육비가 23만 3,610달러입니다.[1] 연 평균소득이 약 6만~10만 달러인 중산층 가정의 경우입니다. 부부가 맞벌이로 10만 5천 달러 이상 번다면 17세까지의 평균 양육비는 무려 40만 7,820달러입니다.

이 평균 양육비에 희망 자녀수를 곱해 보세요. 게다가 이 액수는 대학 학비가 포함되지 않은 것입니다. 젊은층에게 대학 학비를 지원해 주어 자녀나 가족이 빚질 일이 없도록 하는 국가들도 있습니다. 그러나 미국에서는 수업료, 주거비, 식비, 교재비 등을 포함해 사립학교 대학 학위 취득 비용이 많으면 연 8만 달러까지 듭니다. 결국 아이 한 명당 세금을 제하고 32만 달러가 들어간다는 얘깁니다.

사랑하는 부모의 모습이 아이에게 가장 큰 선물

우리 네 사람은 아이를 갖는 문제를 생각할 때 희생과 사랑에 초점을 둡니다. 두 사람 사이에 아이가 생긴 걸 반가워하는 순간 당신은 심오한 차원의 이타심과 사랑을 체험하게 됩니다. 자식과 사랑에 빠지는 것은 그 어떤 말로도 표현하지 못합니다. 그것은 파트너와 사랑에 빠지는 것과는 별개입니다.

첫아이를 처음 품에 안는 순간 사랑에 빠지게 되는 것은 별똥별을 보게 되는 것만큼이나 벅찬 감격입니다. 아이들은 당신의 사랑, 시간, 관심이 필요하며, 마땅히 당신의 사랑과 시간과 관심을 받을 만한 존재입니다. 이 점은 의문의 여지가 없는 사실이지만 그렇다고 해서 두 사람 사이의 주 관계를 희생시켜서는 안 됩니다.

유명인 커플인 줄리아나와 빌 랑치는 《US위클리》와의 인터뷰에서 이렇게 말하였습니다.

"저희에겐 저희의 결혼생활이 최우선이고 아이는 그 다음입니다."

이 인상적인 발언은 크게 보도되었고 매스컴에서는 두 사람이 '좋은' 부모이냐 아니냐를 놓고 논란이 일었습니다. 하지만 대서특필되지 않아 잘 알려지지 않았을 뿐 인터뷰에서는 다음과 같은 발언도 있었습니다.

저희는 남편과 아내 사이지만 베스트프렌드이기도 합니다. 이 말이 희한하게 들릴 만도 합니다. 많은 사람들이 아이가 생기면 그 아기를 최우선시하면서 결혼생활은 그 다음으로 미루니까요. 그런 방식이 잘 통하는 사람들도 있겠죠. 저희에겐 저희의 결혼생활이 최우선이고 아이는 그 다음입니다. 저희가 아이에게 해줄 수 있는 최상의 선물은 탄탄한 결혼생활이기 때문입니다.

파트너 사이에 아이들이 생길 경우 누구를 우선에 두어야 하느냐는 논쟁을 제기했던 사람은 랑치 부부만이 아닙니다. 15년 전에 아옐렛 월드먼은 《뉴욕 타임스》에 '진심으로, 필사적으로, 죄책감으로 *Truly, Madly, Guiltily* [2]를 게재해 공분을 산 적이 있습니다. 그녀는 이 수필에서 남편을 아이들보다 더 사랑한다고 (죄책감을 느끼며) 고백했습니다.

아이들 중 한 아이를 잃게 되더라도 남편(소설가인 마이클 샤본)이 있는 한 계속 살아갈 수 있다고도 털어놓았습니다. 아이들이 생긴 뒤에도 여전히 남편에게 관심을 쏟으며 적극적인 성생활을 이어가고 있는 면에서 보면, 함께 어울리는 엄마들 모임에서 자신은 별종에 든다고 아쉬움을 드러내기도 했습니다.

"왜 이 방안의 모든 여자들 중 나만 좋은 엄마라면 꼭 해야 한다 하는 일을 하지 않았을까? 왜 나만 여성성이 살아있는 유일한 사람일까? 왜 나만 자신의 열정적 세계의 중심축을 아이들에게 맞추지 않는 유일한 사람일까?"

2005년도의 이 수필은 지금까지도 뜨거운 논란거리이며 그녀는 여전히 그런 입장을 지키고 있습니다.

"정서적 열정을 온통 아이들에게 쏟아붓고 그 가족을 존재하게 했던 관계를 등한시한다면 (중략) 결국엔 상황이 정말 잘못될 수 있어요. 저는 완벽한 엄마였던 적이 없지만 아이들이 부모 사이에서 안정감을 느끼게 해주고 있고 그 점에 자부심을 느껴요."

월드먼이 깨달은 사실은 나이가 좀 든 자녀들을 둔 사람들이라면 대다수가 잘 알고 있는 것입니다. 결국 모든 일이 계획대로 원만히 풀리면 자녀들은 집에서 독립하게 됩니다. 그리고 다시 단둘만 남게 되는 시기에 친밀성이나 유대를 이어가지 않았을 경우 두 사람의 관계는 결핍을 겪게 됩니다.

결국 랑치 부부와 아옐렛 월드먼과 마이클 샤본은 이기적이거나 제정신이 아닌 사람들이 아닙니다. 시대를 앞서 있는 것일 뿐입니다. U자형 곡선을 탈피한 것일 뿐입니다.

기혼 커플의 연구를 선도한 사회학자 어니스트 버지스 Ernest Burgess 는 1930년대에 결혼생활의 성공률을 예측하는 과학적 측정법을 개발하고 싶었습니다. 그래서 기혼 커플들을 대상으로 종단연구를 실행했습니다.

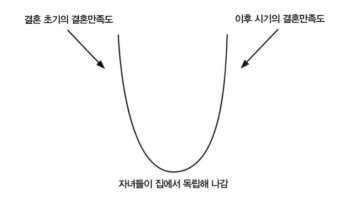

결혼 초기의 결혼만족도   이후 시기의 결혼만족도

자녀들이 집에서 독립해 나감

그 결과 신혼 시절부터 시작해서 결혼생활이 진전됨에 따라 결혼만족도가 U자 모양의 곡선을 띠는 것을 알아냈습니다. 결혼만족도는 결혼 이후부터 급격히 떨어지다가 첫아이가 생겼을 때 크게 급락했고, 아이가 늘 때마다 더 크게 급락했습니다. 또 바닥을 찍는 시점에 부부가 이혼하지 않았을 경우 결혼만족도는 막내 아이가 집에서 독립해 나간 시점부터 차츰 높아졌습니다. 이것은 20세기 초반에만 해당되는 경향이 아닙니다. 요즘도 적용되는 일반적인 경향입니다.

존과 줄리는 신혼부부를 대상으로 종단연구를 벌인 결과를 분석했습니다. 결혼 후 평균 4년 내에 아이가 생긴 부부들의 경우, 67퍼센트가 그 아기의 생후 3년 동안 결혼생활의 행복도가 급격히 하락했습니다. 관찰자들은 해당 부부에게 자녀가 있는지 없는지 모르는 상태에서 갈등 상황을 녹화한 영상을 살펴보았습니다. 검토 결과 자녀가 있는 부부들 사이엔 적대감과 갈등이 증가한 것으로 나타났습니다.

그런데 자녀를 둔 전체 부부 중 3분의 1은 행복도가 하락하지 않았습니다. 그래서 존은 양쪽 부부 그룹의 결혼식 이후 3개월 동안의 관계를 유심히 들여다보기로 했습니다.

그렇다면 아기가 생긴 후에 그 커플이 어떤 그룹에 속할지 예측할 수 있을 만한 차이점이 아기가 생기기 전에 있었을까요?

비교적 아내를 존중하고 아내의 위신이나 의견을 인정해 주었던 남자들이 자녀 출생 이후 결혼만족도의 하락을 겪지 않을 가능성이 높은 것으로 나타났습니다. 이 그룹의 남자들은 아내의 임신 기간 중에도 크게 다른 점이 있었습니다. 태아에게 적극적으로 말을 걸고 아내에게 뱃속의 아기를 챙겨주는 모습이 정말 아름답고 슬기로워 보인다는 식의 칭찬도 해주었습니다.

존과 줄리는 이틀간의 워크숍을 통해 참여 부부의 77퍼센트가 하락한 결혼행복도를 되돌릴 수 있도록 도와주었습니다. 이후 이 워크숍의 사례와 방법은 『우리 아이를 위한 부부 사랑의 기술』이라는 책에 실렸습니다.

자녀를 낳기로 마음을 정했고 U자형 곡선의 바닥으로 곤두박질치고 싶지 않다면 두 사람은 다음의 두 가지를 목표로 삼아야 합니다.

첫 번째 목표는 두 파트너 모두 임신 기간과 아기가 태어났을 때 적극적으로 동참하려 노력하는 것입니다. 동성애 부부든 이성애 부부든 두 사람 모두 갓 태어난 아기를 돌보는 일에 가능한 한 동등하게 참여해야 합니다. 여러 연구를 통해 증명되었듯 이성애 부부의 경우에는 아빠의 참여가 아주 중요합니다

아빠가 꾸준히 아기를 돌보게 할 비결은 아기 엄마와의 좋은 관계입니다. 갈등을 줄이고 성관계를 지속하면 아빠가 아기 돌보기에 꾸준히 관여하게 됩니다. 그러면 부부의 결혼행복도가 지속될 가능성이 더 높

아집니다.

두 번째의 목표는 두 사람 사이에 친밀성과 유대를 계속 이어가는 일입니다. 서로의 관계를 우선순위에 두어야 합니다. 그렇지 않으면 U자형 곡선의 바닥으로 곤두박질쳐서 18년 동안 그곳에서 벗어나지 못하게 될 겁니다. 그나마 이혼을 하지 않는다면 말입니다.

친밀성을 계속 이어가기 위해서는 서로 스트레스를 털어놓고 유대의 시간(정기적인 밤 데이트)을 가져야 합니다. 방어, 비난, 멸시, 서로에게 빗장 걸거나 마음 닫기를 피해야 합니다. 고개가 갸웃거려지면 갈등과 섹스에 대해 다룬 장들을 다시 읽어보세요.

아이가 우리 로맨스를 방해할까?

자녀를 갖는 문제에서 최대의 걱정거리는 뭘까요? 성생활이 막 내리고 로맨스와 여행을 즐기거나 야심을 품을 여유가 없어진다는 두려움입니다. 결혼생활과 커리어 모두 손해를 겪을지 모른다는 두려움도 있습니다. 이런 두려움은 실제로 일어나고 있습니다. 지금까지 살펴봤듯 결혼한 커플의 대략 3분의 2가 이런 일들을 겪습니다.

UCLA 가족일상생활연구소[3]의 과학자들이 4년에 걸쳐 자녀를 둔 30대 부모들로 구성된 젊은 세대의 가정생활을 연구하였습니다. 그 결과 매일 저녁 부부가 함께 보내는 시간은 저녁 시간의 약 10퍼센트에 불과했습니다.

대부분의 시간을 육아, 가사, 일 문제를 살피느라 서로 떨어져 지내고 있었습니다. 부부가 나누는 대화도 대부분 용무나 처리해야 할 일들에 관한 것이었습니다.

당신이 가정을 갖기로 마음먹었다면 계속해서 서로에게 집중할 시간을 내고, 계속해서 만족스러운 성생활을 이어가고, 계속해서 유대와 친밀성을 쌓을 의식을 계획해야 합니다. 아이에게 줄 수 있는 최고의 선물은 부모 사이에 애정이 흐르는 관계입니다. 부모 사이의 관계는 아이가 평생 동안 만들어나갈 관계의 밑거름이 됩니다.

|데이트 실전| 가족

대화의 주제

가족을 꾸린다는 게 서로에게 어떤 의미일까? 우리가 아이를 원하는지 얘기해 볼까? 우리 관계는 어떤 가족으로 규정될까?

마음가짐

이번 장에서 읽은 내용과 더불어, 가족이 의미하는 바에 대해서나 두 사람의 관계에서 가족이 어떤 형태가 될지에 대해 떠오른 것들을 곰곰이 생각해 보세요.

데이트 장소

공원이나 운동장, 놀이공원 등 아이들과 가족들이 많이 가는 곳이 좋습니다. 가족 활동을 지켜볼 수 있되 여전히 서로와 서로의 대화에 집중할 수 있을 만한, 조용한 곳을 찾아보세요(아이와 함께 출입할 수 있는 공원과 운동장도 괜찮습니다).

외식을 하며 대화를 나누고 싶다면 가족 모임이 많은 식당으로 정하세요.

데이트법

이번 데이트에서는 데이트 중에 아이들과 가족들이 시야에 들어오도록 자리를 잡는 것이 이상적입니다. 그런 주변 상황에서 데이트를 하다 보면 두 사람이 꾸리고 싶은 가족에 대한 영감을 얻거나 두 사람이 정한 가족 계획을 재고할 만한 계기가 생기게 됩니다.

집 데이트: 두 사람이 어릴 때 좋아했던 음식(예를 들어 맥앤치즈)이나 주로 아침에 먹는 음식들을 메뉴로 정해 저녁 식사를 차려보세요. 같이 식사하며 어린 시절 사진을 가져와서 같이 보기도 해보세요.

챙겨갈 것

꾸리고 싶은 가정에 대한 생각, 그리고 자녀를 가지기로 선택했을 경우 두 사람의 관계를 우선으로 삼을 만한 아이디어들.

주의사항

- 가족에 대한 파트너의 관점을 포용해 주세요.
- 자녀를 갖고 싶거나 갖고 싶지 않은 마음을 솔직하게 밝히세요.
- 그 사람이 시가나 처가 식구든 형제자매든 가족 같은 친구든 파트너의 가족을 비난하지 마세요.
- 이미 자녀를 두고 있다면 파트너가 공동 양육자로서 돕는 일에 대해 고맙게 생각하세요.
- 가족과 관련해서 당신이 가진 가치관과 파트너에게 바라는 점에 대해 밝히세요. 파트너의 가치관이나 욕구에 대해서나, 자녀가 있을 경우엔 양육 방식에 대해서 비난하지 마세요.

열린 질문

서로에게 다음과 같이 물어보세요.

- 당신이 이상적으로 여기는 가족상은 어떻게 돼? 우리 단둘이 살 길 원해? 우리 말고도 친구들이나 친척들과 같이 살고 싶어? 아이를 원한다면 몇 명이나 낳고 싶어?
- 당신이 보기에 당신 부모님이 자녀가 생긴 이후에도 서로 친밀성, 애정, 로맨스를 계속 지키기 위해 하셨거나 하지 않으셨던 것들은 뭐가 있었어?

자녀 계획을 세운 부부들이 서로 물어볼 만한 질문

- 앞으로 이루게 될 우리 가족 속에서 우리가 서로 친밀성을 계속 지키는 데 지장이 될 만한 문제들은 뭐가 있을까?
- 부모가 된다면 부모로서의 어떤 면에 애정을 갖게 될 것 같아?
- 우리 아이가 나의 어떤 성격이나 자질을 닮으면 좋겠어?

자녀를 갖지 않을 계획이거나 자녀를 둔 부부들이 서로 물어볼 만한 질문

- 우리는 앞으로 어떤 가족관을 가지는 게 좋을까?
- 우리의 가장 가까운 가족은 누구라고 생각해? (여기에 대한 답변은 친구나 친척이 될 수도 있습니다.)

  우리 가족이나 절친들과의 관계를 더 돈독히 하기 위해 뭘 하고 싶어?

함께할 미래를 위한 맹세

서로 돌아가며 다음의 맹세를 큰 소리로 읽으세요. 읊을 때는 눈을 맞춰주세요.

애정 있는 가족을 꾸리겠다고 맹세합니다.

우리에게 자녀가 생기면 파괴적인 갈등을 피하면서

우리 관계를 우선으로 삼겠다고 맹세합니다.

- 가족은 자녀, 입양아, 수양자녀, 무자녀, 반려동물, 친구, 확대가족 등 여러 형태의 구성원으로 다양하게 이루어질 수 있습니다.
- 자녀를 가질지 말지 결정하는 문제가 관계의 파탄 요인이 되기도 합니다. 자녀 갖기에 대한 바람과 희망 자녀수에 대해 마음을 열고 솔직히 털어놓으세요.
  나중에 가서 자녀를 갖거나 갖지 않도록 배우자를 설득할 수 있을 거라는 생각을 품은 채로 결혼생활을 시작하지 마세요.
- 2015년생 기준으로 아이 한 명을 키우는 데 들어가는 평균 양육비는 23만 3,610달러입니다. 이 수치는 대학 학비가 제외된 금액입니다.
- 두 사람 사이의 관계를 주 관계로 삼으세요.
- 커플들의 대략 3분의 2는 아이가 태어난 직후부터 결혼만족도가 급격히 떨어집니다. 그 뒤로 아이가 더 생길 때마다 그 하락폭은 더 커집니다.
- 결혼행복도에서 이런 하락 추세를 겪지 않으려면 임신 중, 출산 중, 육아 중에 아빠들이 함께 동참하는 한편, 갈등을 줄이고 성관계를 지속해야 합니다.

여섯 번째 데이트

마지막으로
함께 웃었던 때가
언제이지?

놀이와 모험

우리의 삶과 관계는 놀이를 잊지 않고 챙길 때, 또 모험을 불어넣을 때 더 나아지고 재미있어집니다. 마지막으로 파트너와 함께 새로운 시도를 같이 해봤던 적이 언제인가요? 마지막으로 두 사람이 모험에 착수해 봤던 때는 언제인가요? 마지막으로 함께 깔깔대며 웃었던 때는 언제인가요? 유치한 행동을 했던 때는요?

그랬던 때가 기억나지 않는다면 두 사람의 관계에는 놀이가 필요합니다. 놀이는 관계에서 중요한 요소입니다. 확실히 함께 놀이를 즐기는 커플들은 헤어지지 않고 오래 갑니다.

잘못된 통념이 하나 있습니다. 그것은 원만한 관계를 갖기 위해서는 놀이와 모험에 대한 생각이 비슷해야 한다는 것입니다. 물론 생각이 비슷하면 좋지만 비슷하지 않아도 상관없습니다. 중요한 점은 함께 놀기도 하고 각자의 모험을 서로 응원해 줄 수도 있는 방법을 찾는 일입니다.

놀이와 재미는 관계를 진전시키는 최고의 방법입니다. 그런데도 대다수 커플들의 '해야 할 일' 목록에서 놀이와 재미는 가장 뒷전으로 밀려나기 일쑤입니다. 장시간의 노동, 가족을 돌보기 위한 일들, 스트레스

등으로 관계에서 재미를 잃어버리기 십상입니다.

다음은 덴버 대학교 심리학과 교수이자 결혼생활 및 가족 연구센터의 공동소장인 하워드 마크맨 Howard Markman 의 말입니다.

"재미와 결혼행복도는 서로 상관관계가 높습니다. 재미와 우정을 돋우며 파트너 곁에 있어 주기 위한 노력을 기울일수록 그 관계는 시간이 지남에 따라 행복도가 높아집니다."

1996년에 마크맨은 공동소장인 스콧 스탠리 Scott Stanley 와 함께 '재미와 우정의 척도'를 중심으로 구성한 설문지를 활용해 300쌍이 넘는 덴버의 커플들을 대상으로 장기 연구에 착수했습니다. 이 연구는 발표되진 않았지만 그 결과는 일상적으로 놀이를 즐기고 웃고 장난도 치는 커플들이 더 행복한 것으로 밝혀졌습니다.

함께 즐기고 활동하고 웃는 것은 더 탄탄하고 행복하고 건강한 관계에 이바지합니다. 심리학자 아서 아론 Arthur Aron 은 커플들이 새로운 활동에 참여하는 방식이 각 파트너가 그 관계에 대해 갖는 느낌에 어떤 영향을 미치는지 연구했습니다.

커플들은 색다르면서도 감정을 자극하는 활동일수록 관계에 더 만족감을 느꼈다고 답변했습니다. 새로운 경험을 하면서 느끼는 즐거움은 파트너에 대한 감정에도 영향을 미쳐, 파트너와 재미있는 시간을 가졌을 경우 그 파트너를 재미있는 사람으로 여겼습니다. 결론적으로 놀이는 사치나 방종이 아닙니다. 원만하고 행복한 관계를 이어가기 위해 꼭 필요한 요소입니다.

놀이는 단순히 서로 함께하는 것을 넘어 서로 유대를 쌓는 것과도 연관되어 있습니다. 커플로 함께 놀이를 즐기면 신뢰와 친밀성이 쌓입니다. 아이들이 놀이로 협동심을 배우는 것처럼 놀이는 성인 사이의 관계에서도 협동심이 생기게 해줍니다. 연 날리기를 하든 하이킹을 하든 보드게임을 하든 함께 놀이를 즐기면 공통의 의미와 재미가 생깁니다. 그렇게 되면 서로의 친밀성과 유대감이 깊어집니다.

미국 국립놀이협회 ^{NIP} 의 창설자인 스튜어트 브라운 $^{Stuart\ Brown}$ 박사는 놀이를 일명 '즐거움을 주면서 자의식과 시간의 의식을 정지시키는, 흡인력 있고 별 목적이 없어 보이는 활동'이라고 했습니다. '놀이만큼 뇌에 활기를 불어넣어 주는 것은 없다'면서 '우리 인간은 원래 어린 시절만이 아니라 평생에 걸쳐 놀이를 즐기도록 설계된 존재'라는 신념을 밝히기도 했습니다.

그렇다면 관계의 측면에서나 평생 행복하게 살기 위한 측면에서 놀이가 갖는 의미는 뭘까요? 브라운은 이러한 답을 내놓습니다.

"놀이는 성인과 성인 간의 장기적 관계에 새로운 활력을 불어넣어 줍니다. 새로운 활력과 산소를 불어넣어 주는 놀이에서는 유머, 색다른 즐거움, 세상의 아이러니들을 가벼운 마음으로 공감할 줄 아는 포용력, 서로에게 이야기를 들려주는 즐거움 등의 특징이 나타납니다. 이런 재미있는 방식의 소통과 교류를 키우면 편안한 유대와 보다 가치 있는 관계를 위한 여건인, 진정한 친밀감이 생겨납니다."

함께 노는 시간을 가능한 한 자주 가질 수 있는 방법을 찾으면 관계를 탄탄히 다지는 데 유용합니다. 놀이를 우선순위로 삼으면 즐거움과 행복이 충만한 관계를 만드는 데 도움이 됩니다.

웃음은 최고의 명약

놀이의 정서적 본질은 웃음에 있습니다. 놀이는 설거지를 하면서도 할 수 있습니다. 잔디 깎기를 하면서도 할 수 있습니다. 심지어 관계를 개선하려는 노력 중에도 할 수 있습니다. 놀이는 자연스러운 일입니다. 놀이는 즐겁습니다. 놀이는 일종의 자세입니다. 그것은 우정과 결부되어 있습니다. 세상에 존재하는 한 방식이기도 합니다.

생각해 보세요. 아마도 당신은 데이트를 시작했을 때 놀이에 많은 시간을 할애했을 겁니다. 그때의 데이트는 새롭고 신나고 모험적이었을 테고 놀이를 바탕 삼아 우정과 로맨스를 쌓았을 겁니다. 진지한 관계나 장기적 관계로 들어섰다고 해서 이런 시간을 그만 가져야 할 필요는 없습니다. 오히려 이때부터 놀이를 일상생활에 접목시켜야 합니다. 놀이를 관계의 기본 뼈대로 삼기 위해 꾸준히 노력을 기울여야 합니다.

이쯤에서 갓 약혼한 20대 여성인 킴의 말을 들어봅시다.

"처음엔 마냥 신났어요. 데이트하면서 함께 즐길 재미난 일들을 계획했죠. 서핑도 하고, 놀이 공원에도 가고, 콘서트나 야구 시합을 보러도 가기도 했어요. 그런데 함께 살면서 결혼식을 계획하고 있는 지금은 함께 보낼 여유 시간이 생겨도 그냥 TV를 보거나 영화나 보러 가고 싶어져요. 같이 새로운 걸 해보려는 노력을 하지 않아요. 이러다가 해가 바뀌어도 외식 중에 서로 새롭거나 흥미로운 얘기를 나눌 거리가 하나도 없는 부부가 될까 봐 불안해요."

킴의 이런 걱정은 흔한 두려움입니다. 우리의 뇌는 최상의 건강과 행복을 위해 놀이와 모험이 필요합니다. 그런 측면에서 보면 킴의 걱정은 본능적인 두려움일 수도 있습니다. 모험이나 추구체계^{Seeking System}는 모든 포유동물의 원동력입니다. 다람쥐가 코를 킁킁거리며 견과류 냄새를 맡고 다니도록 부추기거나, 모든 동물이 주위에서 생존에 필요한 자원을 찾아다니도록 다그치는 것이 바로 동물의 추구체계입니다.

인간 역시 추구체계가 내재되어 있습니다. 인간에게 내재된 추구체계의 본질은 탐색, 즉 호기심입니다. 동물은 먹이나 짝을 추구하며 찾아다니겠지만 인간은 고도로 발달된 존재입니다. 인간은 새로운 경험, 지식, 의미를 추구합니다. 그런 새로운 경험에서 비롯되는 보상과 쾌감을 추구하기도 합니다.

쾌감이나 흥분이나 희열을 느끼면 뇌에서는 보상체계^{Reward System}라는 신경망이 작동합니다. 이 보상체계는 복측 피개부, 기저핵, 전액골 피질, 중격 핵의 뉴런을 아우르는 뇌 회로로 학습, 동기, 새롭고 흥분되는 일의 추구와도 관련되어 있습니다. 보상체계의 주요 신경전달물질은 바로 도파민입니다.

이 도파민이 뇌에 충분히 분출되면 행복감이 느껴지면서 멋진 일이 일어날 것 같은 기분에 들뜨게 됩니다. 좋아하는 스포츠팀이 이기든, 사랑하는 누군가가 당신에게 키스를 하든, 상관이 일을 잘했다고 칭찬하든 그때 느껴지는 쾌감은 도파민이 분출되어 뇌의 보상체계가 자극된 결과입니다. 새롭고 생소한 것을 기분 좋게 경험하면 뇌는 도파민으로 보상을 줍니다. 그러면 기분이 좋아지면서 의욕이 넘치게 됩니다.

관계를 맺는 사이에서는 두 파트너가 서로 다른 방식으로 뇌의 보상을 얻을 때 문제가 생깁니다. 줄리는 소파에 앉아서 물리학 관련 책을 읽는 식으로는 뇌의 추구체계를 만족시키지 못하지만, 존은 만족시킬 수 있습니다. 존의 뇌는 (그러니까 피크닉을 갔다가 죽게 될 수도 있는 방법 10가지 정도는 거뜬히 생각해 내는 남자의 뇌는) 줄리처럼 아주 빠른 속도로 산악 스키를 타는 것에서 쾌감을 느끼지 못합니다.

심지어 몇몇 과학적 연구를 통해 입증된 바에 따르면, 일부 사람들의 도파민 체계에는 비교적 위험한 행동이나 활동을 추구하도록 유도하는 유전자 변이가 있는 것으로 나타났습니다. 헬리콥터를 타고 눈이 많은 산악 지대로 가서 스키를 타는 헬리스키잉, 집채만 한 파도 위에서 서핑 즐기기, 마약 중독 등의 활동이 여기에 속합니다.

브리티시 컬럼비아 대학교의 연구자 신시아 톰슨Cynthia Thomson은 저돌형 유전자Daredevil Gene를 찾아냈습니다. 이 저돌형 유전자는 일부 사람들의 도파민 분비 양을 제한시킵니다. 그러면서 똑같은 보상을 얻기 위해 남들보다 더 극단적인 수준의 모험을 추구하도록 유도합니다.

당신에겐 모험, 나에겐 공포

당신과 파트너가 부부로 수십 년을 함께해 왔다고 상상해 보세요. 이번엔 당신의 파트너가 수년간 함께 가정을 꾸려온 평화롭고 조용하고 아늑한 집 안으로 걸어 들어오는 모습을 그려보세요. 이때 당신은 파트너가 저녁 메뉴나 주말 계획을 상의할 거라 기대했다가 뜻밖의 말을 듣습니다. 50세가 되기 전에 어떻게든 에베레스트를 등반하기로 마음먹고 있었는데 50세가 곧 코앞이라고 운을 떼는 겁니다.

이것은 대략 16년 전에 존에게 일어났던 실화입니다. 당시에 줄리는 한 무리의 여자들과 같이 에베레스트 베이스캠프나 어쩌면 더 높은 곳까지 등반해야겠다고 선포했습니다. 자신에겐 그것이 일생일대의 모험이고 평생 동안 꿈꿔 온 일이라면서요.

줄리가 이 등반여행이 자신에게 얼마나 중요한지를 설명할 때 존은 그 말을 잘 들어주다가 나름 의식이 깨어 있는 남편이자 결혼생활 전문가로서 호응해 주었습니다. "당신 지금 제정신으로 하는 소리야?"

"처음엔 아내가 무모하고 미친 짓을 벌이려는 것 같아 말려야 한다고 생각했어요. 그래도 그 생각을 그대로 다 입 밖으로 내진 않았어요. 어쨌든 명색이 결혼생활 상담치료사이니 그 정도의 지각은 있었죠. 그 다음에 든 생각은 아내가 죽으면 어쩌지 하는 걱정이었어요. 공포가 밀려오면서 겁이 났어요. 그런 두려운 마음을 아내에게 털어놓았죠."

다행히 줄리는 결혼생활이 오래 된 터라 남편의 공포와 걱정에 어떻게 응해주는 것이 최선인지를 알았습니다. 남편의 말을 귀담아 들어주고 그 두려운 마음을 인정해 주고, 할 수 있는 한 최선을 다해 남편을 안심시켜주었습니다.

등반 일정, 훈련 프로그램, 안전을 위한 예방책, 비용을 비롯한 세세한 부분을 짚어주며 남편의 걱정이 줄어들길 바랐습니다. 결국 존은 위성 전화기를 가져가서 하루나 이틀에 한 번씩 전화를 해줘야 한다는 조건을 달아 줄리의 계획에 동의해 주었습니다.

다음은 존의 회고담입니다.

"아내는 카트만두에 같이 가고 싶지 않냐고 묻기도 했어요. 전 사다리만 올라도 고소공포증에 아찔한 사람이고, 에베레스트 트레킹 중에는 룸서비스 같은 걸 주문할 수도 없다는 걸 잘 알아서 거절했어요. 아내가 셰르파들을 면접볼 때 제 눈엔 죄다 머릿속에 여자하고 잠자고 싶은 생각밖에 없는 위험한 불량배들처럼 보였어요. 하지만 아내가 이번 등반을 포기하지 않을 거라는 사실을 받아들이려 애썼죠. 기어코 그날은 오고야 말았고 아내는 떠났어요. 그래도 떠나는 아내의 발걸음을 가볍게 해주기 위해 제 딴에는 애써서, 아내가 돌아오는 순간을 위해 징징 우는 소리를 아껴두긴 했죠."

존은 말을 계속 이었습니다.

"결국 저는 사실을 직면해야 했어요. 일생의 사랑인 이 여자는 나와 아주 다르다는 사실을요. 줄리는 운동과 탐험을 좋아하는 모험가였어요. 저에게 모험은 안전하게 의자에 앉아 양자역학과 미분 방정식을 연구하는 일이죠. 줄리는 대학 시절에 활강 스키 선수였어요. 시속 80킬로미터로 활강했다니까요. 그런 건 왜 하고 싶어 하는지 전 이해가 안 돼요. 하지만 줄리는 에베레스트 등반을 원했고, 내 여자가 그러길 원하니 그 등반이 갖는 의미를 이해하고 응원해 줘야지 어쩌겠어요.

에베레스트 옆의 해발 5,643미터 칼라파타르 정상에서 찍은 사진 속에서 아내가 짓고 있던 표정은 평생 못 잊을 거예요. 사진 속의 줄리는 도파민이 활성화된 얼굴이었어요. 전 그 사진을 액자에 끼워서 우리 집 벽에 걸어놓았어요. 그렇게 행복해하는 표정은 처음 봤어요."

존과 줄리는 익스트림 스포츠에서는 공통의 재미를 느끼지 못하지만 수영, 보험이 필요 없는 모험, 새로운 곳에서 카약 타기, 세계 멋진 곳을 함께 여행하기에서는 공통의 재미를 느끼고 있습니다. 두 사람은 관심의 차이를 직접 대화로 풀면서 두 사람에게 즐거운 놀이와 재미를 공유할 줄 알게 되었습니다.

취향의 교차점에서 함께 놀기

두 사람 모두가 즐거운 놀이를 찾으려면 파트너에게 당신이 좋아하는 놀이와 모험을 추구하도록 강요해서는 안 됩니다. 뇌의 특징을 감안하면 강요한다고 해서 되지도 않을 테지만요.

우리는 저마다 새로운 것과 도전 의욕을 자극하는 것, 놀라운 체험의 추구에 대한 기본 욕구가 내재되어 있습니다. 이런 기본 욕구는 사람의 동물적 본능을 지배하는 원시적 뇌의 깊숙한 곳에 있어 우리가 나이를 먹어도 그 자리를 떠나지 않습니다. 누구나 흥분과 더불어 곧 멋진 일이 일어날 것 같은 가슴 벅찬 기분을 갈망합니다.

커플로서 놀이와 모험을 대할 때 중요한 점은 함께 배우고, 성장하고, 탐험하고, 각자의 자연스러운 호기심을 응원해 주는 일입니다. 모험은 언제나 미지의 영역이 수반되며 그런 만큼 어느 정도 위험성이 있습니다.

어떤 사람은 남들보다 위험을 더 잘 감수하기도 합니다. 두 사람이 놀이와 모험을 즐기는 방식에서 어떤 점이 같고 어떤 점이 다른지 탐색해 보며 공통점을 찾아보세요. 존과 줄리는 공통으로 즐길 수 있는 모험이 바다에서 2인용 카약 타기라는 것을 알게 되었습니다.

다음은 존의 말입니다.

"저는 물을 정말 좋아해요. 줄리는 활동적인 걸 좋아하고요. 저희는 익스트림 스포츠를 좋아하는 줄리의 취향과 전반적으로 독서보다 조금이라도 힘든 활동은 꺼리는 제 취향이 교차하는 지점을 찾아냈어요. 바로 카야킹입니다.

저희는 물에 카약을 띄우고 해변에서 멀리 나가 생활과 일과 가족의 짐에서 벗어나는 것에서 즐거움을 느낍니다. 저희에게 카야킹은 일종의 해방입니다. 그런데 더 중요한 점은 저희가 서로 다른 놀이 방식이 교차할 수 있는 지점을 발견했다는 겁니다. 덕분에 몇 년 사이에 서로 더 가까워졌어요. 함께 카약을 타러 갈 때마다 유대가 이루어지니까요. 카약을 물 위에 띄우면 서로를 신뢰해야 하고 서로에게 의지해야 합니다. 카약을 타면서 난관을 함께 맞서다 보면 열의가 불붙기도 합니다. 그러면 개인으로서나 커플로서나 활력이 생깁니다.

카야킹은 세상에서 동떨어져 서로 함께하는 특별한 시간입니다. 카약을 타면서 저희는 웃고 얘기하고 노래도 불러요. 불안감은 하나도 안 들어요. 노를 저으면서 서로를 탓한 적도 없어요. 처음 시작할 때 노 젓는 게 서툴러서 뱅뱅 돌기만 했을 때도 그냥 깔깔 웃었어요. 저희는 새로운 공통 경험을 만들어냈고 덕분에 서로 사랑하며 살고 있어요."

모험은 인류의 보편적 욕구이지만 새로운 것을 추구하는 방식은 사람마다 다릅니다. 여기에서 차이는 누가 더 잘났거나 못났는지의 문제가 아닙니다. 옳고 그름의 문제도 아닙니다. 단지 서로 다른 것일 뿐입니다.

한 번도 요리를 해본 적이 없는 커플이라면 요리 강습 받기가 모험이 될 수 있습니다. 사람을 그릴 때 머리는 원으로 팔다리와 몸통은 직선으로 대충 그리는 것밖에 할 줄 모르던 커플에게는 미술 수업이 모험이 됩니다. 산 정상을 오르거나 목숨 건 도전을 해야만 모험이 아닙니다. 모험의 핵심은 새롭고 색다른 것을 추구하는 것에 있습니다. 안전지대를 벗어나도록 몰아붙이며 도파민을 분출시켜 짜릿함을 선사해준다면, 무엇이든 모험입니다.

죽을 뻔한 고비를 맞은 신혼여행

더글러스와 레이철에게는 처음부터 모험이 둘의 관계에서 없어서는 안 될 요소였습니다. 존과 줄리와는 달리 모험의식이 비슷한 편인데 이것이 꼭 좋은 것만은 아닙니다. 두 사람은 짜릿한 스릴을 좋아해서 보험에 꽤나 많은 돈을 썼으니까요. 신혼여행 중에는 여러 번이나 죽을 뻔한 고비를 맞기도 했습니다.

레이철과 더글러스가 세웠던 신혼여행 계획은 당시에 전쟁으로 폐허가 된 과테말라 곳곳을 돌아다니는 것이었습니다. 두 사람이 과테말라에 갔을 때는 교전 중이 아니었습니다. 그래도 돌아다니면서 암살단 얘기를 자주 듣다 보니 대다수의 신혼부부처럼 하와이로 가거나 유람선 여행을 갔어야 했나 하는 생각이 들긴 했답니다. 레이철은 아직 의대생이었고 더글러스는 대학 졸업 후 취업한 지 얼마 안 되었던 터라 경비가 넉넉지도 못했습니다.

신혼여행 중 한 번은 인근의 화산 정상에 올라가기로 작정했답니다. 그 화산은 다행히 분화 중은 아니었지만 부글부글 끓어오르고 있었습니다. 그러니까 용암이 위로 솟구치며 미끌미끌한 진흙더미가 흘러내리기 직전의 상태였습니다. 그런 곳을 수 킬로미터 올라갔다 내려오고 나서 레이철은 카누 안에서 털썩 주저앉았습니다.

더글러스는 오로지 신부에게 남자다움을 보여주고픈 의욕으로 후들거리는 팔로 겨우겨우 노를 저어 숙소까지 넓은 호수를 다시 거슬러갔습니다. 또 정글 속에서 말을 타고 낮게 늘어져 내린 덩굴과 가시 박힌 나뭇가지들 사이로 곡예하듯 질주하기도 했습니다.

마지막으로 감행한 모험은 강물이 흐르는 동굴 안 탐험이었습니다. 두 사람은 불 켜진 초를 입에 물고 얼음장처럼 차가운 강물을 헤엄쳐 컴컴한 동굴로 들어가야 했습니다. 그렇게 1시간 정도 수영을 하고 나자 이번엔 촛불을 모두 끄고 칠흑 같은 어둠 속으로 잠수해 들어가 물 아래로 6미터 정도 더 내려가야 한다는 안내를 들었습니다. 지금껏 그때처럼 무서웠던 모험도 없었다고 합니다. 두 사람은 그런 모험 자체가 결혼생활과 같다고 여기며 손을 잡고 그것을 감행했습니다.

그러한 신혼여행 후 겪은 결혼생활의 도전 과제들은 감당할 만했다고 합니다. 두 사람은 등반하고 싶은 멋진 산을 대하듯 결혼생활을 대하며 끊임없이 새로운 경험과 모험을 추구했습니다. 이런 모험과 이색적 경험은 언제나 두 사람의 관계에 흥분거리를 더해주었고 함께하는 삶을 하나의 모험처럼 바라보게 유도해 주었습니다.

모든 모험이 죽을 뻔한 아슬아슬한 경험이 되었던 건 아니지만 두 사람은 새로운 도전에 마주하거나 새로운 경험을 해보는 것이 열정의 불꽃을 꺼지지 않게 지켜주고 있다고 느꼈습니다.

"함께 도전에 맞서는 것에는 서로를 가깝게 묶어주고 서로를 당연하게 여기지 않도록 해주는 뭔가가 있어요." 더글러스의 말입니다.

호르몬의 러브 칵테일 제조법

도전에 맞서거나 아슬아슬한 경험을 하고 난 후에 결속감을 느끼는 것은 더글러스와 레이첼만의 경우가 아닙니다. 연구를 통해 증명된 바에 따르면 두려움에 대응하는 생리적 반응은 여러 면에서 성적 흥분에 대응하는 생리적 반응과 유사합니다. 손바닥에 땀이 나거나 심장박동이 빨라지는 등 두려움과 불안에 따른 여러 증상들은 성적 끌림 때문인 것으로 오인될 만하다고 합니다.

그렇다고 관계에 열정이 채워지는 느낌을 느끼기 위해 꼭 목숨을 건 모험을 할 필요는 없습니다. 롤러코스터를 타보거나 무서운 영화를 보는 등 당신이나 파트너에게 두려움을 일으킬 만한 활동을 시도해 보면서 그런 경험 이후에 서로 얼마나 더 가까워진 느낌이 드는지를 체험해 보세요.

누구나 한번쯤 이런 이야기를 읽어봤을 것입니다. 자연재해나 비행기 사고에서 살아남은 사람들이 생존 이후에 사랑에 빠지는 이야기 말입니다. 헬기 충돌 사고에서 잘생긴 남자와 함께 살아남았던 슈퍼모델 크리스티 브링클리도 그런 경우입니다.

콜로라도의 어느 산꼭대기에서 헬리스키잉 중에 발생한 사고에서 살아남은 직후 브링클리는 이 훈남과 사랑에 빠져 결혼생활을 정리할 생각이라고 발표했습니다. 같은 생존자와의 불같은 결혼은 불과 7개월밖에 가지 못했습니다.

두려움을 경험하는 뇌 영역(우측 편도체)은 성적 흥분을 경험하는 뇌 영역과 연계되어 있습니다. (이 얘길 들으니 십대들이 공포 영화를 왜 그렇게 좋아하는지 알 것 같다고요?) 두 영역이 밀접하게 연계되어 있다 보니 빌리 조엘조차 아내가 산꼭대기에서 다른 남자와 사고를 당했을 때 어쩌지를 못했던 겁니다.

새롭거나 흥분되는 모험을 시작할 때는 호르몬의 요소도 작동합니다. 도파민, 노르에피네프린, 페닐에틸아민^{PEA}이 혼합된 호르몬 칵테일이 분출됩니다. 이중 PEA는 사랑에 빠질 때 느껴지는 흥분을 일으킵니다. 잠도 안 자고 밤새도록 얘기를 나눌 수 있게 해주는 것이 바로 이 PEA입니다. PEA 수치는 스카이다이빙 같은 극강의 활동에 의해 (또는 특정 약물이나 다량의 초콜릿 섭취에 의해서도) 증가합니다.

밤낮으로 사랑의 포로가 되어 서로에 대한 열의에 한이 없던 시절을 잃은 것에 슬퍼하는 사람들이 많습니다. 하지만 우리의 신체는 (카페인 등의 물질에 대해서도 그러듯) PEA의 효과에 내성을 키웁니다. 그로 인해 사랑이 끝났다고 여기는 경우가 흔하지만 그것은 오해입니다. 모험과 끊임없는 탐험을 추구하는 우리의 욕구를 이해하기 위해 파트너와 함께 노력하면 언제든 호르몬의 러브 칵테일을 만들 수 있습니다.

미지의 영역을 탐색하세요

우리의 모험의식과 놀이욕구는 절대 사라지지 않습니다. 휴면 중이거나 동면에 들어가 있더라도 여전히 인간의 기본 욕구여서 그것은 언제나 그 자리를 지키면서 알아봐주길 기다리고 있습니다.

두 사람의 관계가 모험의 부족에 빠져 있는지를 알아보기 위해서 다음의 간단한 질문에 스스로 답해보세요.

• 파트너와 함께 있으면서 흥분이나 호기심을 느꼈던 때가 마지막으로 언제였나요?

- 새로운 활동을 함께 했던 때가 마지막으로 언제였나요?
- 멋진 일이 일어날 것 같은 기분을 느꼈던 때가 마지막으로 언제였나요?

모험의 부족을 드러내는 징후는, 한쪽 파트너나 두 파트너 모두가 도파민 반응을 대체할 만한 것을 찾다가 결국엔 놀이와 모험의 욕구를(도파민 욕구를) 당분, 초콜릿, 정크푸드나 알코올, 처방약 등의 합법적이거나 불법적인 향정신성 물질로 채우게 될 때입니다.

함께하는 모험이 없는 관계는 서서히 무감각해지고 활력이 사라집니다. 관계가 일련의 의무가 됩니다. 놀라운 일이 없고 놀이와 모험이 자연스럽게 불붙여 주는 불꽃이 사라집니다.

함께 모험을 펼칠 방법은 많습니다. 미지의 영역에서 벌여보는 작은 모험이 인생이라는 모험의 축소판이 될 수도 있습니다. 새로운 동네를 걸어보든, 식당에서 새로운 음식을 먹어보든, 가까운 곳으로 여행을 가보든, 새로운 친구를 사귀든, 잘 모르는 사람에게 말을 걸어보든, 하루 동안 휴대전화를 꺼놓아 보든, 같이 힙합 강습을 받기로 마음먹든 함께 미지의 영역을 탐험해 보세요. 새로움이 관건이니 틀에 박힌 일상에 과격한 변화를 주어 뭔가 다른 시도를 해보세요. 어떤 놀이와 모험이 두 사람에게 감응을 일으키는지 탐색해 보세요.

모험이라고 해서 꼭 돈을 들여야 하거나, 색다른 장소에 가거나, 큰 위험을 감수해야 하는 건 아닙니다. 세상을 새로운 시선과 새로운 호기심으로 바라봐 보세요. 무엇을 발견하게 될지는 아무도 모릅니다.

줄리는 산악 등반을 좋아하고 존은 수학 방정식 연구를 좋아합니다. 이런 두 사람에게 다행스러운 게 있습니다. 공통의 관심을 가진 커플들과 관계의 행복도 사이에는 아무런 상관관계가 없다는 겁니다. 다시 말해 같은 방식으로 놀이를 즐겨야만 행복한 커플이 되거나 관계에서 재미가 있는 건 아닙니다.

하지만 두 사람 모두 꾸준히 놀이를 해야 합니다. 그리고 사진보기, 이야기 들려주기, 그때 느끼는 기분을 말하기 등으로 혼자만의 놀이를 서로서로 공유하기도 하세요. 놀이와 모험의 관심사가 상반되더라도 여전히 성장하고 발전하는 관계를 이어갈 수 있습니다. 단, 존과 줄리가 카야킹을 통해 그랬던 것처럼 두 사람의 놀이와 모험이 서로 교차하는 영역을 찾아봐야 합니다.

두 사람 각자 좋아하는 놀이 방식을 생각해 보세요. 한동안 놀이를 즐기지 않았거나 생각나는 게 없다면 어린 시절에 놀던 때를 떠올려보세요. 놀이를 하면서 재미있었던 게 뭐였나요? 어떤 종류의 놀이가 행복을 느끼게 해주었나요? 그런 놀이를 했거나 비슷한 놀이를 해봤던 것이 마지막으로 언제였나요? 파트너의 경우는 어떤가요?

커리어 쌓기나 결혼식 계획 세우기나 가족 꾸리기의 문제를 생각 중이라면 놀이를 그런 일들처럼 진지하게 생각한다는 게 유별나게 느껴질 만도 합니다. 하지만 앞에서도 말했듯 놀이는 평생에 걸쳐 중요한 요소입니다. 아동이나 성인의 삶에서 놀이가 갖는 의미를 주제로 50권이 넘는 책을 써낸 놀이 이론가 브라이언 서턴스미스^{Brian Sutton-Smith}는 '놀이의 반대말은 일이 아니라 우울함'이라고 말합니다. 우리의 삶에 놀이가 채워지면 심각한 상황에서도 웃을 거리를 발견하고 일상적인 일에서도 흥분 거리를 찾아낼 수 있습니다.

놀이가 없는 관계는 유머도 장난스러운 치근거림도 장난도 환상도 없는 관계입니다. 우리에게는 누구나 다 유머, 웃음, 놀이가 필요합니다. 로맨스도 놀이입니다. 농담도 산책하기도 일종의 놀이입니다. 꼭 스포츠 동호회에 가입하거나 주중에 시간을 많이 내지 않아도 됩니다. 그냥 무엇을 하고 있든 그 안에 놀이의 정신을 끼워 넣으세요.

놀이를 우선순위에 놓아야 합니다. 해야 할 일을 마치고 나서 함께 놀자고 생각하는 실수를 저지르지 마세요. 그런 날은 오지 않습니다. 처음 해보려니 어색하다면 주간 일정표에 놀이를 완수할 일로 넣어보세요. 마트에 가서 장을 봐야 하나요? 그럼 파트너와 장보기를 게임하듯 해보세요. 공과금을 내야 하나요? 공과금을 납부하면서도 서로에게 얼마나 장난스럽게 추근거릴 수 있는지 한번 해보세요.

개인적 행복이든 커플로서의 행복이든 중요한 점은 안 좋은 경험을 만들지 않는 것이 아니라 꾸준히 좋은 경험을 유발하는 것입니다. 명심하세요. 갈등이 없는 교류에서 긍정적 경험 대 부정적 경험의 황금 비율은 하나의 부정적 경험마다 20개의 긍정적 경험입니다. 놀이는 그 비율을 맞추는 방법이기도 합니다.

스튜어트 브라운의 말처럼 '함께 어울려 지내는 사이에서 놀이를 빼면 그 관계는 인내력을 경쟁하는 서바이벌이 됩니다.' 그렇게 로맨틱한 그림은 아니죠? 두 사람의 관계가 꼭 필요한 관계이자 발전하는 관계로 이어지게 하려면 유쾌함도 필수 요소입니다.

| 데이트 전 점검하기 | **놀이와 모험**

 재미를 위해

데이트를 하기 전에 다음 목록을 읽어보세요. 읽으면서 파트너와 같이 해볼 만한 놀이나 모험 방법에 참고가 될 항목들에 전부 동그라미를 치세요.

- 함께 하이킹을 가거나 오래 산책하기
- 이번 주말에 두 사람이 둘러보고 싶었던 곳으로 드라이브 하기
- 피크닉 가기로 하기
- 같이 보드 게임이나 카드 게임 하기
- 새로 나온 비디오게임을 같이 골라서 배워보기
- 자동차, 골동품, 새 옷 등 둘 다 좋아하는 물건을 쇼핑하러 가기
- 친구들을 불러 함께 식사하기로 하기
- 새로운 조리법으로 같이 음식 만들어보기
- 맛 보러 가볼 만한 새로운 식당이나 시도해 볼 만한 조리법 골라보기
- 캐치볼 하기
- 같이 새로운 언어 배우기 (아니면 문구 몇 개만이라도 배우기)
- 뭔가를 하고 있던 중에 외국인 억양 흉내 내서 말하기
- 자전거를 타고 나가거나 2인용 자전거 빌려 타기
- 롤러스케이팅이나 아이스 스케이팅 타러 가기
- 세그웨이(이륜 전동 스쿠터) 빌려 타기

- 같이 노를 저으며 보트나 카누, 카약 타보기
- 서점에 가서 평상시에 읽지 않는 분야의 코너에서 책 훑어보기
- 탐조 활동을 가거나 고래 관람을 하거나, 가까운 동물원 또는 아쿠아리움을 찾아가 야생동물 보기
- 같이 새로운 스포츠 배우기
- 연극, 뮤지컬, 스탠드업 코미디, 서커스 등 라이브 공연 보러 가기
- 연기나 노래나 스탠드업 코미디 같은 공연 수업을 함께 받아보기
- 같이 유머집이나 시집 읽기. 또는 이를 번갈아 가며 읽기
- 춤추러 가기
- 낚시하러 가기
- 콘서트 같은 라이브 음악 공연에 가기
- 같이 운동하러 나가기
- 좋아하는 스포츠 시합의 표를 구해서 함께 응원하러 가기
- 스파 센터에 가서 같이 뜨거운 물속에 들어가거나 사우나를 즐기기
- 같이 음악 연주하기
- 둘 다 아는 노래를 같이 큰 소리로 불러보기
- 미술관이나 박물관 가기
- 쇼핑몰이나 시내에 나갔을 때 스파이 흉내 내보기
- 와인이나 맥주 시음, 초콜릿 시식을 하러 가기
- 언덕이나 산에서 친숙한 나무에 올라가보기
- 살면서 가장 부끄러웠거나 재미있었던 일 얘기하기
- 등반 교실이나 트램폴린 동호회 가기
- 테마 파크나 놀이 공원에 가기

- 같이 수영, 수상 스키, 파도타기, 패들보딩, 보트 타기 등 물놀이 즐기기
- 장소를 정해 데이트 약속을 한 다음 서로 모르는 사이인 척, 처음 만난 척 연기해 보기. 장난스럽게 추근거리며 서로를 유혹해 보기
- 같이 색칠하기를 해보거나 드로잉이나 물감으로 그림 그려보기
- 공예품, 도자기, 모형 비행기, 옷, 목공예품 등 같이 만들어보기
- 즉흥 파티를 열어 그 시간에 올 수 있는 사람들 전부 초대하기
- 같이 요가를 하거나 커플 요가 강습 받기
- 커플 마사지 배우기
- 잘 모르던 동네로 산책 가기
- 주로 쓰지 않는 쪽의 손으로 서로 연애편지 쓰기
- 마을 버스 타고 살고 있는 동네 돌아보기
- 꼬박 밤을 새워보기
- 하루 종일 전자기기 전부 꺼놓기
- 미술, 요리, 댄스 강습 받기
- 잘 아는 사이가 아닌 커플에게 더블 데이트 제안해 보기
- 식당이나 공원, 지하철에서 가까이 앉은 사람들에게 말 걸어보기
- 진흙탕에서 놀아보기
- 스쿠버 다이빙, 상어를 가까이에서 볼 수 있는 철창 다이빙 해보기
- 번지점프 해보기
- 하이킹이나 캠핑이나 배낭여행 떠나기
- 이국적인 나라로 여행 떠나기
- 전부터 해보고 싶었지만 겁이 나서 못했던 일 시도해 보기

| 데이트 실전 | **놀이와 모험**

대화의 주제

같이 뭐하면서 놀고 싶어? 우리의 생활에서 놀이와 모험의 역할은 무엇일까?

마음가짐

하고 싶은 놀이와 해보고 싶었던 모험이 뭔지 생각해 보세요. 이번 장에서 읽은 내용과 놀이와 모험에 대한 당신의 관점에 대해 떠오른 생각들을 곰곰이 생각해 보세요. 두 사람 사이에 놀이와 모험 욕구의 교차점은 없는지에 대해서도 생각해 보세요.

앞으로 파트너와 어떤 식의 놀이를 해보고 싶나요? 두 사람이 서로 마음이 맞을 만한 모험은 무엇이 있을까요?

당신 자신과 파트너가 어떤 대답을 할지 호기심을 가져보세요. 그러면 당신 스스로도 놀라면서 함께 색다른 방법으로 놀이와 모험을 해본다는 생각만으로도 도파민이 살짝 분출될지 모르니까요.

데이트 장소

한 번도 가본 적 없는 곳이나 친숙한 장소이지만 새롭게 바뀐 곳을 권합니다. 공원, 해변, 옥탑, 뒷마당으로 가보거나 친구와 서로 아파트를 바꿔 시간을 보내 보세요. 나무에 올라가 큰 가지에 걸터앉아 얘기를 나누는 방법도 괜찮습니다. 욕조 속에 들어가 같이 있거나 물이 있는 곳에 가서 데이트해 보는 것도 좋습니다.

아무 자동차를 따라가서 그 차가 멈추는 곳에서 데이트를 해보세요. 모험적인 장소를 거리낌 없이 떠올려보세요. 마음 가는 대로 해보며 과연 어떤 일이 벌어질지 호기심을 품어 보세요. 틀에 박힌 데이트 시간을 벗어나서 둘 다 일을 하고 있어야 할 시간인 이른 아침과 저녁에 데이트해 보세요. 이번 데이트는 새로움과 흥분에 초점을 맞추어야 합니다. 창의성과 즉흥성을 발휘하세요.

데이트법

www.AtlasObscura.com에 들어가서 당신이 사는 곳 근처의 숨겨진 명소들을 찾아보고 파트너와 그중 한 곳을 둘러보며 얘기를 나눠보세요. www.geocache.com에 로그인해서 일종의 어른용 보물찾기 게임인 지오캐싱(Geocaching)을 하며 사는 곳 근처의 숨겨진 보물을 찾아보기도 하세요.

집 데이트: 집 안이나 근처에서 분위기 좋은 곳을 골라보세요. 그 다음 물건 찾기 같은 게임을 만들어 파트너가 그 장소를 찾게 해보거나 그 장소에 만날 장소가 적힌 메모를 두어 보세요. 파트너가 그 장소를 찾아오면 깜짝 피크닉이 기다리고 있게 준비도 해보세요.

챙겨갈 것

앞에서 훑어보며 동그라미를 쳤던 목록을 챙기세요. 그중 가장 먼저 해보고 싶은 세 가지도 따로 표시해 오세요. 동그라미를 친 항목들이나 당신의 놀이 취향이나 재미있게 여길 만한 활동들에 대해 서로 막힘없이 얘기해 볼 수 있도록 준비해 가세요.

두 사람이 모두 동그라미를 친 항목이 있는지 찾아보세요. 바로 그 항목이 두 사람의 놀이와 모험 취향이 교차하는 활동입니다. 겹치는 항목이 없더라도 미지의 영역에 들어서는 것도 놀이와 모험이라는 점을 잊지 마세요. 파트너가 신나고 재미있을 것 같다고 생각한 항목들 중에 기꺼이 시도해 볼 생각이 드는 것을 찾아보세요.

주의사항

- 놀이와 모험에 대한 파트너의 생각에 끝까지 열린 마음을 가져주세요.
- 모험에는 미지의 영역으로 들어서 안전지대 밖으로 벗어나 보는 과정이 수반됩니다. 두려운 요소를 최대한 줄이려 하지 마세요. 그 두려움에 굴복하지 않기 위해 노력해 보세요.
- 파트너가 밝히는 놀이와 모험에 대한 생각을 그냥 듣지만 말고, 그 생각이 중요한 이유와 그 생각에 어떤 의미가 있는지를 물어보세요.
- 파트너에게 당신이 하고 싶은 대로 하도록 강요하거나 당신이 하고 싶은 모험 방식을 강요하지 마세요.
- 파트너가 해보고 싶은 모험을 설명할 때 흥분을 자극하는 면이 있는지 잘 들어보세요.
- 놀이 취향이 다르다는 이유로 파트너를 비난하거나 흠잡지 마세요.
- 큰마음 먹고 기꺼이 미지의 영역에 도전해 보세요.

열린 질문

서로의 목록에 대해 얘기 나누며 다시 짚어본 후에는 서로에게 다음과 같이 물어보세요.

- 당신에게는 모험이, 놀이가 어떤 의미야?
- 어렸을 때 뭘 하면서 놀길 좋아했어?
- 지난 몇 년 동안 가장 재미있었던 놀이가 뭐야?
- 어떻게 하면 우리 둘이 더 재미있게 지낼 수 있을 것 같아?
- 당신이 예전에 했던 모험 얘길 해줘.
- 최근에 했던 가장 모험적인 일은 뭐야?
- 지금 가장 설레거나 기대되는 일은 뭐야?
- 우리 둘이 같이 하루 동안 해볼 수 있는 모험이 뭐가 있을까?
- 죽기 전에 해보고 싶은 모험이 뭐야?

함께할 미래를 위한 맹세

서로 돌아가며 다음 맹세를 큰 소리로 읽으세요. 읊을 때는 눈을
맞춰주세요.

앞으로 2주 동안 다음의 세 가지 방법으로
놀이와 모험을 실천하고 놀이를 우리의 일상생활의 일부분으로 삼아
함께 발전해 나갈 것을 맹세합니다.

- _____
- _____
- _____

|스피드 데이팅| 놀이와 모험

- 놀이와 모험은 원만하고 즐거운 관계의 필수 요소입니다.

- 원래 우리 인간은 평생토록 놀이를 즐기도록 설계되었습니다.

- 우리는 놀이를 해야 할 일 목록의 맨 마지막으로 미루기 쉽습니다.

- 놀이와 모험에서의 관건은 웃음과 색다른 경험입니다.

- 모험 추구의 욕구는 우리의 뇌에 내재화되어 있으며 뇌의 '보상체계'의 일부입니다.

- 우리는 새로운 것을 경험하면 신경전달물질 도파민이 마구 분출되면서 쾌감을 얻습니다.

- 극단적이거나 심지어 위험하기까지 한 모험을 해봐야만 남들과 똑같은 도파민의 분출을 얻는 사람들도 있습니다.

- 당신과 파트너가 놀이와 모험의 취향이 다르더라도 괜찮습니다. 핵심은 두 사람이 서로의 모험의식과 그 의미를 존중해 주는 데 있습니다.

- 파트너와 같이 흥분과 호기심을 느꼈던 때나, 흥분되는 일이 곧 일어날 것 같은 설렘을 느꼈던 때가 마지막으로 언제였는지 기억나지 않는다면 당신은 현재 놀이와 모험의 결핍에 빠진 상태입니다.

- 같이 놀이 즐기기를 우선순위에 두고 함께하는 모든 일에 놀이 정신을 끌어들이세요.

- 같이 놀기는 신뢰, 친밀감, 깊은 유대를 형성해 줍니다. 같이 놀이를 즐기는 커플들은 관계가 오래 지속됩니다.

일곱 번째 데이트

당신의 힘든 시간을
견디게 한 힘은?

성장과 변화

다음은 에리카의 말입니다. "저희는 정말 어린 나이에 만났어요. 제이크는 열여덟 살이었고 전 열여섯 살이었죠. 다들 저희가 얼마 못 가서 헤어질 거라고들 했어요. '첫사랑과 오래가는 사람은 없다, 첫사랑은 이루어지지 않는다' 하면서요. 하도 많이 들어서 셀 수도 없을 정도였어요."

현재 제이크는 32세 에리카는 30세입니다. 이어서 제이크가 말했습니다. "전 거의 인생의 절반을 에리카와 함께해 왔어요. 에리카를 만났던 당시에 저는 양아치였어요. 겉으로는 건방을 떨었지만 내면은 불안정하기 그지없었죠. 이제 저는 완전히 다른 사람이 됐고 에리카는 그동안 제 곁에 있었어요."

"자기는 완전히 다른 사람이 된 게 아니야. 물론 많이 변하긴 했지만 지금 이렇게 성장한 당신은 건방 떨던 모습 이면의 내가 봤던 그 사람이니까."

제이크와 에리카는 결혼 6년차 부부였습니다. 에리카가 계속 말을 이었습니다.

"우린 애늙은이들 같아. 그 모든 일을 견뎌내고 나니 정말 그렇게 느껴져. 우리의 삶이 어떻게 될지는 상상도 못하겠지만 어린 나이에 파란만장한 변화를 겪어서 그런지 나중에 우리 중 누가 정신 나간 짓을 하고 싶어 하거나 수도사가 되거나 혼자 세계여행을 떠난다 해도 그다지 충격받지 않을 것 같아."

"지금 저희는 처음 사귀기 시작했을 때와 똑같은 사람들이 아니에요. 5년 후에는 지금과는 또다른 사람들이 되어 있을 거예요. 자신이 어떤 사람이 되어 가는지 안다는 건 짜릿한 일이에요. 저희는 서로를 격려하면서 꾸준히 변하고 성장해요. 또 다시 새롭게 스스로를 알아가고 서로를 알아가는 과정을 끊임없이 이어가고 있어요."

에리카가 제이크를 만났을 때 그는 전형적인 불량소년이었다고 합니다.

"제이크는 소년원에 갔다 나왔어요. 권위에 반발심이 있었어요. 어떤 면에서 보면 방황하는 소년이기도 했고 세상에 대해 화가 잔뜩 나있었어요. 그전에 제가 사귀었던 애들이랑은 달랐죠. 당연히 부모님은 제이크를 싫어해서 저희를 갈라놓으려고 애쓰셨어요. 하지만 자꾸 그러시니까 제이크에게 더 흥미가 끌렸어요. 지금은 부모님도 제이크를 예뻐하시지만 그러기까지 오랜 시간이 걸렸죠. 몇 년이나 걸렸지만 이제는 아빠가 제이크에게 조언을 들으려고 전화를 하실 정도예요. 우리가 바뀌면 우리의 관계들도 바뀐다는 게 신기해요."

제이크는 알코올과 기분전환용 약물 문제로 애먹고 나서 10년째 술을 마시지 않는다며 이렇게 말했습니다.

"제 자신을 돌아봐야 했어요. 삶에서 어떤 목표와 의미를 찾아야 했어요. 온통 분노와 알코올과 마리화나에 찌들어 있었으니까요. 이를 빼면 저는 아무것도 아니었어요. 그래서 치료를 받으러 가서 중독자 회복 12단계 프로그램을 받았어요. 그때 어떤 고차원적 힘을 얻었어요. 신은 아니지만 신과 같은 존재를 느꼈어요. 저는 영적인 존재를 믿어요. 아무튼 그때부터 명상하고 기도도 했어요. 그렇지만 저는 기도를 우주에게 얘기하고 우주의 얘기에 귀 기울이는 것처럼 생각하길 좋아해요. 그 존재가 신인지 아닌지는 중요하지 않아요. 중요한 건 제가 고차원적 힘과 제 방식대로 말해 고차원적 자아를 얻었다는 거예요.

저는 삶을 두려워했어요. 21살이 되었을 때 에리카가 최후 통첩을 날리지 않았다면 삶이 선사해 주는 많은 것들을 놓쳤을 거예요. 에리카와 함께하지 못했을 거고, 지금처럼 위험에 처한 청소년들을 도우려는 생각도 못했을 거예요. 저는 누구한테든 조언과 도움을 베풀어주는 사람이 아니었으니까요. 이제 저는 진짜로 영적인 존재를 믿고, 다른 사람들에게 의미 있는 도움을 주는 게 제가 할 일이라고 생각하지만 에리카가 처음 사귀었던 때의 저는 절대 그런 사람이 아니었어요."

에리카는 술을 끊고 새사람이 된 제이크를 보며 처음엔 혼란스러웠다고 합니다.

"어떤 모습이 진짜 제이크인지 확신이 없었어요. 술을 입에 안 대고 생각이 깊고 성찰하면서 언제든 다른 사람들을 도와주는 사람과 건방을 떨며 통제 불능 상태에서 순간만 살았던 사람 중 어느 쪽이 진짜 제이크인지 분간이 안 되었어요. 결국 저는 그 두 제이크와 사랑에 빠졌어요.

제이크는 21살부터 25살까지 정말 많이 변했어요. 그래서 언젠가부터 제가 제이크의 성장에 뒤처지게 되면 어쩌나 하는 생각이 들었어요. 그게 자극이 되어 제 삶과 일에서 중요한 게 무엇인지 살펴보게 되었죠. 저희는 한 번뿐인 인생을 어떻게 살고 싶은지에 대해 많은 얘기를 나누었고 그러는 사이에 훨씬 더 가까워졌어요.

결혼할 때 언제나 서로를 있는 모습 그대로 인정해 주겠다고 약속했어요. 저희에게 이 약속은 일종의 사명 선언이자, 마음껏 새로운 일을 시도해 보고 우리가 찾아낸 방식을 시험해 봐도 된다는 허락이에요. 저는 제이크 때문에 명상을 시작했다가 10일간의 묵언 명상에 들어간 적이 있어요. 10일 동안 말도 안 하고 글도 안 쓰고 심지어 읽지도 않았어요. 그러다보니 머릿속의 번잡한 생각과 대면할 수밖에 없었고 내면의 불안과 회의감을 마주했어요.

그 후에 저는 마케팅 일을 그만두기로 결심했어요. 사실은 다니던 회사가 유명한 기술 기업이라 그 일을 좋아하는 척하며 일하고 있었거든요. 그 일을 그만둔다는 건 많은 수입을 포기한다는 의미였어요. 저는 꿈을 좇기로 마음먹고 그림을 그리기 시작했어요. 제이크는 그 꿈이 저에게 중요하다는 걸 알고 동의해 줬죠. 저희는 원룸형 아파트로 이사를 갔어요. 케이블 방송도 끊었어요. 생활을 아주 많이 바꾸게 되었는데 그때마다 서로 상의해서 정했어요.

우리 둘이 함께라면 정말 큰 힘이 된다는 기분이 들어요. 둘 다 상대방의 응원을 받아야만 뭐든 할 수 있고 바꿀 수 있을 것 같아요. 그렇게 서로에게 힘이 되면서 저희는 신나는 인생을 살고 있어요. 저희는 아이를 원하지 않아서 앞으로도 이 환상적인 삶과 그 삶에 담긴 의미를 탐색하며 살아갈 거예요."

이번에 제이크가 입을 떼었습니다. "참 오묘해요. 이렇게밖에는 달리 설명할 말이 없어요. 저희에게는 어느새 삶과 영성, 성장과 변화가 신나는 모험이 되었어요."

듣고 있던 에리카가 덧붙여 말했습니다. "저희는 어느 때보다 최고의 인생을 살고 있어요. 돈이 없지만 돈이 저희가 가진 자산에 영향을 줬던 적은 한 번도 없었던 것 같아요. 저희의 자산은 바로 의미예요. 그런 의미만으로 충분해요."

커플이 성장하고 변화하며 상대방의 성장을 배려해 줄 수 있으면 그 관계에는 놀라운 일이 일어납니다. 전체는 부분의 합보다 크며 관계는 그저 두 개인의 결합을 뛰어넘어 변화, 기여, 세상에서의 의미 갖기로 이어지기도 합니다.

삶에서 공통의 의미 만들기

삶이 그렇듯 모든 관계는 끊임없이 변합니다. 따라서 관계를 맺고 있는 파트너가 상대방의 성장을 배려해 줄 방법에 마음을 써야 합니다. 관계 속에서의 성장은 자신과 다른 생각에 부딪히면서 이루어집니다. 두 파트너는 세상을 바라보는 관점도 품고 있는 욕구도 다르게 마련입니다. 따라서 정신적 변화를 비롯한 그 외의 변화는 관계의 갈등 원인으로 작용할 수 있습니다.

하지만 우리는 관계 속에서 갈등을 겪으며 성장합니다. 그러니 갈등을 기꺼이 받아들여야 합니다. 갈등을 서로 더 잘 사랑하고 자신과 생각이 다른 사람을 이해할 방법을 배워보는 계기로 삼아야 합니다. 그런 이해에 이르게 되면 두 사람 모두가 성장하고 관계도 성장합니다.

평생 지속되는 사랑을 위해서는 다음을 꼭 알아둬야 합니다. 파트너를 당신처럼 만들려고 하지 마세요. 파트너를 통해 배우고 당신과 다른 파트너의 방식을 유용하게 활용할 방법을 배우세요.

삶은 투쟁이 될 수도 있습니다. 관계도 투쟁이 될 수 있습니다. 또 삶의 불가피한 투쟁에 함께 맞설 때마다 의미가 생겨나고 역경을 통한 진전과 성장이 이루어집니다. 투쟁을 통해 의미를 만들게 되면 두 사람은 오래도록 함께하게 됩니다.

기혼 커플들을 대상으로 진행한 연구에서 증명된 바에 따르면 커플이 서로의 관계를 신성하게 여기면 더 좋은 관계를 맺게 됩니다.[1] 또 다른 연구에서도 동일한 결과가 밝혀졌습니다. 서로간의 성관계를 신성하게 여기거나 믿고 있는 종교에 의해 신성해졌다고 생각할 경우 섹스의 횟수, 질, 시간뿐만 아니라 결혼만족도까지 더 높은 것으로 나타났습니다.

종교의 차이가 부부 갈등에서 그리 큰 원인이 아니라는 점도 흥미롭습니다. 퓨 리서치에 따르면 같은 종교는 부부 갈등에서 같은 관심, 만족스러운 섹스, 가사 분담보다도 중요하지 않은 문제입니다. 관계에서 서로 공통의 의미를 찾거나 만들 수 있으면 그 관계는 더 깊이 있고 더 풍성하고 더 보람 있게 됩니다.

그렇다면 관계에서 의미를 만들려면 어떻게 해야 할까요? 관계를 신성하게 여기려면 어떻게 해야 할까요? 공통의 의미를 만들고 두 사람만의 유대 의식을 만들면 됩니다.

함께하는 삶에 의식을 만드는 것은 중요한 일이며 그런 의식들이 유대를 지켜줍니다. 앞으로 만들 의식 중에 매주의 밤 데이트도 넣길 바랍니다. 서로 헤어질 때와 다시 만날 때 6초 키스 같은 소소한 의식을 만들어보세요. 삶의 크고 작은 성과들을 축하할 만한 방법을 생각해 보세요. 두 사람에게 특별한 의미가 느껴질 만한 그런 방법이 없나요?

상실, 좌절, 불운, 피로로 힘든 순간을 위해 어떤 의식을 만들지도 생각해 보세요. 서로를 최대한 격려해 줄 방법은 뭘까요? 친구들과 어울리는 자리에서의 의식, 생일 등 기념일의 의식도 생각해 보세요. 커플로서의 유대를 위해 공통의 의미를 만들 수 있는 방법은 무한대에 가깝습니다. 창의성을 발휘하면서 진정성을 갖고 서로에게 의미 있는 것에 마음을 써주세요.

하루를 어떻게 보냈는지 서로 얘기하는 것도 유대를 만드는데 좋은 의식이 될 수 있습니다. 얘기를 나누며 파트너가 무엇 때문에 스트레스를 받고 있는지, 무슨 문제로 걱정하는지 조심스럽게 알아보세요. 서로의 내면세계를 공유할 안전 영역을 만드는 것은 유대를 만드는데 유용한 의식입니다. 함께 있는 순간마다, 심지어 함께 있지 않은 순간에도, 두 사람의 관계에서 어떤 의미로든 신성한 것을 기릴 만한 기회를 가져보세요.

파트너가 낯선 것을 함께 해보도록 안심을 시켜주세요. 파트너가 경험 중인 성장에 진심 어린 호기심을 가져주면서 관계에 성장과 변화가 일어나게 배려해 주세요. 개개인이 성장하면 관계도 성장합니다. 개개인이 변화되면 관계도 변화됩니다.

공통의 의미와 의식에 대한 질문표

당신과 파트너가 함께하는 삶에서 공유 의식을 잘 만들고 있는지 알아보는 차원에서 다음의 '예/아니오' 질문에 답해보세요.

질문에 해당 사항이 없으면 (예를 들어 가족이나 자녀와 관련된 질문인데 자녀가 없는 경우, 또는 함께 사는 것과 관련된 질문인데 함께 살지 않는 경우) 그냥 건너뛰어도 됩니다. 당신의 특별한 상황에 맞게 수정하거나 (예를 들어 가족끼리의 저녁 대신 두 사람만의 저녁 식사로) 미래에 얘기해 볼 사항으로 머리에 새겨두어도 됩니다.

유대 의식

• 우리는 집에서 가족끼리 저녁을 먹는 의식에 대한 의견이 같다.

  ☐ 예 ☐ 아니오

• 우리에게 (추수감사절, 크리스마스 같은 때의) 명절 식사는 아주 특별하고 행복한 시간이다.

  ☐ 예 ☐ 아니오

• 주중에 퇴근 후 집에서 다시 보는 시간은 대체로 각별한 시간이다.

  ☐ 예 ☐ 아니오

• 가정 내에서 TV의 역할에 대해 서로 의견이 일치한다.

  ☐ 예 ☐ 아니오

- 잠자리에 드는 시간은 대체로 친밀해지기에 좋은 시간이다.

  □ 예 □ 아니오

- 주말에는 함께든 따로따로든, 우리가 즐기고 소중히 여기는 일들을 한다.

  □ 예 □ 아니오

- (친구들 부르기, 파티 등) 집에서 즐기는 여가활동에 대해 의향과 바람
  이 비슷하다.

  □ 예 □ 아니오

- (생일, 기념일, 가족 모임 같은) 특별한 축하 날을 둘 다 중요하게 여기거
  나, 둘 다 싫어한다.

  □ 예 □ 아니오

- 아플 때 파트너가 옆에서 관심과 애정으로 보살펴주고 있다는 느낌을
  받는다.

  □ 예 □ 아니오

- 함께 휴가와 여행을 떠나 즐기는 일이 정말 기대된다.

  □ 예 □ 아니오

- 우리에겐 함께 아침을 보내는 것이 각별하다.

  □ 예 □ 아니오

- 함께 볼일을 볼 때는 대체로 기분 좋은 시간을 보낸다.

  □ 예 □ 아니오

- 녹초가 되거나 피곤할 때는 재충전과 기분전환을 위한 우리만의 특별
  한 방법이 있다.

  □ 예 □ 아니오

위의 질문에서 '예'의 답변이 아주 적다면 다음 질문을 놓고 상의해서 두 사람만의 유대 의식을 만들기 바랍니다.

- 우리가 같이 저녁을 먹을 때 식사 시간을 특별하게 보낼 만한 방법은 뭐가 있을까? 저녁식사 시간에는 어떤 의미가 있을까? 우리가 성장한 가정에서의 저녁식사 시간 분위기는 어땠지?
- 매일 아침마다 어떤 식으로 헤어지는 게 좋을까? 우리가 성장한 가정에선 어땠지? 다시 만날 땐 어떻게 할까?
- 잘 준비를 할 때는 어떻게 해야 할까? 우리가 성장한 가정에선 어떤 식으로 했지?
- 우리 각자에게 주말은 뭘 의미할까? 우리가 성장한 가정에서는 어떤 분위기였지? 어떻게 하면 주말을 더 의미 있게 만들 수 있을까?
- 우리가 자란 가정에서는 휴가가 어떤 분위기였지? 우리는 휴가를 어떻게 느끼면 좋을까?
- 특별한 기념일 하나를 골라서 얘기해 보자. 우리에게 이 날의 진정한 의미는 뭘까? 올해는 어떤 식으로 축하할까? 우리가 자란 가정에서는 어떻게 축하했지?
- 우리 각자는 재충전과 기분전환을 어떤 식으로 하고 있지? 우리에게 이런 의식들이 의미 있는 이유는 뭘까?
- 우린 가족 중 누가 아플 때 어떻게 하고 있지? 우리가 자란 가정에서는 어땠지? 우리 가족은 어떻게 하는 게 좋을까?

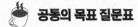 **공통의 목표 질문표**

두 사람은 자신을 위해서나 두 사람의 관계를 위한 목표가 있습니다. 목표는 당신이 어떻게 변할지를 가늠하게 해주는 지표가 되기도 합니다. 목표는 실용적일 수도 있고 영적일 수도 있습니다. 지금은 개인의 삶과 두 사람의 관계에서 목표의 의미를 짚어보려 합니다. 다음의 질문에 답해주세요. 질문이 당신에게 해당 사항이 없다면 건너뛰거나 당신의 특별한 상황에 맞게 수정하거나 앞으로 논의할 부분으로 머리에 새겨두면 됩니다.

당신의 목표

• 우리는 함께하는 삶에서 같은 목표가 많은 편이다.

  □ 예 □ 아니오

• 나이가 들어 삶을 돌아본다면 우리가 잘 맞았다고 여길 것 같다.

  □ 예 □ 아니오

• 내 파트너는 성취를 중요하게 여긴다.

  □ 예 □ 아니오

• 내 파트너는 우리의 관계와는 상관없는 나의 개인적 목표를 존중해 준다.

  □ 예 □ 아니오

• 우리는 우리에게 중요한 의미를 갖는 다른 사람들(자녀, 친척, 친구, 커뮤니티 사람들)을 위해 같은 목표를 많이 공유하고 있다.

  □ 예 □ 아니오

• 우리는 경제적 목표가 아주 비슷하다.

  □ 예 □ 아니오

- 우리는 잠재적 금전난에 대해 걱정하는 측면에서 잘 통하는 편이다.

  □ 예 □ 아니오

- 우리는 인생의 꿈이 비슷하거나 잘 통하는 편이다.

  □ 예 □ 아니오

- 우리가 자녀, 삶, 노후에 대해 개인적으로나 함께 품고 있는 희망과 소원은 잘 통한다.

  □ 예 □ 아니오

- 그런 희망과 소원이 서로 다르긴 해도 그동안 우리의 꿈을 존중할 방법을 잘 찾아왔다.

  □ 예 □ 아니오

위의 질문에서 '예'의 답변이 아주 적다면 다음의 질문을 놓고 상의하면서 두 사람의 목표와 그 의미를 살펴보길 바랍니다.

- 당신의 추도사를 한번 써봐. 어떤 식으로 쓰였으면 좋겠어? 당신이 죽었을 때 사람들에게 가장 기억되길 바라는 품성이나 성취는 뭐야?
- 당신은 당신 자신, 파트너, (자녀가 있을 경우) 자녀를 위한 인생 목표가 어떻게 돼? 5~10년 후에 이루고 싶은 게 뭐야?
- 우리는 당장 신경 써야 하는 일들이 자주 생기잖아. 그런데 말야, 특별히 시간을 비워놓아야 할 만큼 당신에게는 중요한 에너지와 즐거움의 원천인데 자꾸만 미루게 되는 일이 뭐야?
- 당신 삶에서는 영성이나 종교가 어떤 역할을 해줘? 어릴 때 당신 집에서는 어떤 역할을 했어? 현재나 미래에 어떤 역할을 했으면 좋겠어?

|데이트 실전| 성장과 변화

대화의 주제

우리는 관계 속에서 얼마나 성장하고 변했을까? 서로에게 영성이 어떤 의미고 그런 영성에 대해 얼마나 표현하고 있을까?

마음가짐

당신의 삶에서 성장, 변화, 영성이 의미하는 바를 생각해 보세요. 앞의 질문에 답해보지 않았다면 '예/아니오' 질문표에서 유대 의식과 당신의 목표에 대한 질문에 답해보세요. 이번 장에서 읽은 내용과 함께 영성이나 종교에 대한 관점과 관련해서 떠올랐던 생각을 곰곰이 생각해 보세요.

두 사람의 관계에서 현재 있거나 있었으면 하는 의식들이 있는지 생각해 보세요. 두 사람 각자가 오랜 시간 동안 어떻게 변했는지 생각해 보세요. 당신이 개인적으로 어떻게 변했고, 당신 자신의 변화가 두 사람의 관계를 어떻게 변화시켰는지에 대해 생각해 보세요.

데이트 장소

이번 데이트를 위해서는 두 사람에게 멋지고 신성하게 느껴지는 장소를 추천합니다. 실내든 야외든 상관없습니다.

예배를 올리는 곳도 괜찮습니다. 당신이 다니는 절이나 이슬람교 사원이나 유대교 예배당이나 교회 밖에서 데이트를 해보세요. 인근에 있는 명상 센터나 그 외의 영적 장소에서 데이트하며 대화를 나누는 것도 생각해 보세요.

데이트법

이번 데이트의 목표는 파트너를 존중해 주는 것입니다. 헌정물을 바치는 것도 좋은 방법입니다. 축하 동영상을 찍어 보여주거나 집이나 정원에 사랑하는 마음을 보여줄 만한 장식을 꾸며 놓는 것도 좋습니다.

처음엔 파트너가 좋아하는 사진으로 장식을 꾸며보세요. 보면 파트너 생각이 나는 물건을 몇 개 가져와 사진 주위에 놓아두세요. 이때는 두 사람이 서로 공유하는 의미를 상징하는 물건이 좋습니다.

집 데이트: 서로에게 헌정물을 바치기로 결정한 경우엔 그 헌정물 앞에서 데이트를 하세요. 처음엔 5분 정도 말을 하지 말고 있으세요. 명상에 익숙하다면 명상을 해도 됩니다. 평소에 기도를 드린다면 5분 정도 기도부터 하세요. 이번 데이트를 신성하고 의미 있는 순간으로 생각하세요.

챙겨갈 것

의식과 목표에 대한 질문에 답변한 질문표를 가져가세요. 서로 이 '예/아니오' 질문에 대해 어떤 답을 했는지 보면서 이야기를 나눌 준비를 하고 가세요.

주의사항

- 성장과 영성에 대해 파트너가 생각하는 관점에 겸허하고 호기심 있는 태도를 보여주세요.
- 열린 마음을 지키며 파트너를 비판하지 마세요.
- 알아들은 것 같다고 대충 넘어가지 말고 물어보면서 확실히 이해하세요.
- 파트너의 말에 위압감이 들 때는 괜히 겁을 내며 파트너의 말을 끊지 말고 파트너에게 그런 거북한 마음을 밝히세요.
- 누가 맞는지 따지기보다 행복과 이해를 우선하는 자세를 끝까지 지키세요.

열린 질문

연습 코너의 질문표에 대해 논의하고 짚어본 후에는 서로에게 다음의 질문을 해보세요.

- 어렸을 때 가족들이 신성한 대상을 어떤 식으로 섬겼어? 아니면 그런 걸 아예 하지 않았어? 거기에 대해 당신은 어떻게 느꼈어? 그 대상이 종교적 대상이었어? 그랬다면 종교심을 어떻게 실천했어?
- 신성함을 어떻게 생각해? 그렇게 생각하는 이유는?
- 당신에겐 무지 힘든 시간을 헤쳐 나가게 하는 원천이 뭐야?
- 당신은 어떻게 내면의 평온을 찾아? 평온을 얻는 원천은 뭐야?
- 지금까지 살아오는 동안 영성이나 종교적 믿음에 어떤 변화가 있었어?

- 당신은 어떤 식으로 많이 성장한 것 같아? 그게 어떤 분야야?

- 10년 단위로 나눌 때 언제 가장 성장했고, 그때 어떻게 변했어?

- 우리 아이들에게 전해주고 싶은 영적 믿음은 뭐야? (자녀가 있거나 앞으로 가질 계획인 경우에만 해당됨)

- 당신만의 개인적 여정을 내가 어떻게 응원해 주면 좋겠어?

- 내면을 발전시키기 위해 의식적으로 노력하는 것이나, 당신의 개인적 성장을 위해 의식적 행동을 하는 것에 대해 어떻게 생각해?

함께할 미래를 위한 맹세

서로 돌아가며 다음 맹세를 소리 내서 읽으세요. 읊을 때는 눈을 맞춰주세요.

함께 성장하고 배우며 우리의 관계 속에서
공통의 의미를 찾을 것을 맹세합니다.
또한 아래에 적힌 세 가지의
공통 유대 의식을 세우겠다고 맹세합니다.

- _____

- _____

- _____

|스피드 데이팅| 성장과 변화

- 관계는 끊임없이 변하게 마련입니다.
- 따라서 관계를 맺고 있는 각자가 상대 파트너의 성장을 얼마나 배려해 주느냐가 중요합니다.
- 커플이 변하고 성장하면서 서로 파트너의 성장을 배려하면 그 관계에 는 놀라운 일들이 일어납니다.
- 관계는 단순히 개개인의 결합이 아니라 변화와 중요한 기여와 세상에 서의 의미 갖기로 이어지기도 합니다.
- 투쟁에 함께 맞서며 의미를 만들면 오래도록 함께하게 됩니다.
- 연구를 통해 증명되고 있듯 커플이 서로의 관계를 신성하게 여기면 더 좋은 관계를 맺게 됩니다.
- 개개인이 성장하면 관계도 성장합니다. 개개인이 변화되면 관계도 변화 됩니다.
- 서로 공통의 의미와 유대 의식을 만드는 것은 관계 속에서 영적 수행을 하는 한 방법입니다.

여덟 번째 데이트

마음속 깊이
간직한 꿈을 들려줄래요?

꿈에 대한 지지

케이샤와 알렉스는 어렵게 꿈 얘기를 꺼내게 되었습니다. 먼저 알렉스의 말부터 들어보죠.

"일과 꿈을 어떻게 구분해? 물론 나도 마음 같아선 그림을 그리고 싶지만 공과금을 내야 하잖아. 화가 중에 가족을 부양할 수 있는 사람이 얼마나 된다고? 꿈을 좇으면서 생계를 유지할 수 있는 사람이 몇 명이나 되냐고? 아무리 생각해도 마음이 편하지 않아."

케이샤가 은근히 반발했습니다.

"하지만 꿈을 포기하는 건 안 돼. 자기가 화가가 되고 싶어한다는 걸 내가 알고 있으면 당신이 그림을 그릴 시간을 내도록 내가 도와줄 수도 있어. 당신이 그림을 그리도록 일요일에 집안일을 내가 더 많이 하면 돼. 그런데 당신한테 그런 꿈이 있는 줄도 모르면 내가 어떻게 응원해 주겠어? 내 생각엔 작은 일부터 시작하면 될 것 같아. 카페 같은 곳에 자기 그림을 전시해 봐. 내가 그림마다 짧은 안내 문구를 달아줄게."

"그럼 일요일 아침마다 두 시간 정도 시간을 낼 수 있겠네. 그림이 정말 형편없을 거야. 몇 년째 그림을 안 그렸으니까."

"그게 당신에게 중요한 의미가 있는 일이라면 내가 응원해 줄게. 우린 한 팀이잖아."

"그럼 당신은? 당신 꿈은 뭐야?"

"잘 모르겠어." 케이샤는 잠시 생각에 잠겼다가 다시 입을 떼었습니다. "마추픽추에 가보고 싶은 게 꿈인 것 같아. 예전부터 가보고 싶었거든. 어쩐지 그곳에 마음이 끌리더라고. 뭔가 경쟁적인 활동을 다시 해보고도 싶어. 고등학교 이후로 팀 활동을 해본 적이 없어. 예전에 내가 달리기를 좀 했거든. 축구 동호회에 들어가면 괜찮을 것 같아. 나한테 축구는 일종의 꿈인 데다 몸 상태도 다시 좋아질 것 같아서. 지금은 장시간 근무를 하느라 시간이 안 나."

"맞아. 일은 꿈을 죽이는 드림킬러라니까."

"그러게. 좋은 몸을 만들거나 축구를 한다고 돈이 생기는 것도 아니고. 그래도 꿈을 펼칠 시간을 좀 내볼 방법을 찾아보자. 생각만 해도 신이 나는 것 같아."

앞에서도 살펴봤다시피 일은 상당 부분의 시간과 에너지를 차지합니다. 다달이 벌어서 먹고사는 형편이거나 학자금 대출을 갚느라 허덕이고 있거나 직장생활이 고되다면 정작 자신의 삶을 위해 품은 꿈은 뒷전으로 밀리기 십상입니다. 파트너에게도 헌신하고 직장 일에도 헌신하고 꿈 좇기에도 헌신한다는 것은 버거운 일로 느껴질 만도 합니다.

하지만 꿈은 중요합니다. 당신만의 꿈, 파트너만의 꿈, 그리고 두 사람이 함께 꾸는 꿈 모두 중요합니다. 함께 꿈을 꾸고 꿈을 펼치도록 서로 응원해 주는 일은 두 사람의 관계에서 신뢰, 헌신, 섹스만큼이나 중요한 요소입니다.

존이 하루에 16시간이나 일하는 바람에 연례 신혼여행을 형편없이 보냈던 그 다음 해에 존과 줄리는 다시 한 번 7월의 신혼여행을 떠났습니다. 이번에 존은 보던 책을 다 두고 갔습니다. 카약을 타면서 서로에게 집중하며 의식적으로 두 사람의 삶과 꿈에 대한 얘기를 나눴습니다. 상대방의 꿈을 존중해 줄 방법을 서로 물으며 잘 들어주었고 메모도 했습니다.

두 사람은 함께 살고 있고 함께 일도 하지만 현재도 서로에게 배울 것과 물어볼 것들이 끊이질 않습니다.

- 당신이 하고 있는 일이 앞으로는 어떻게 변할 것 같아?
- 지금은 삶의 어떤 부분에서 흥이 느껴져?
- 미래를 생각하면 뭐가 가장 걱정돼?
- 어떻게 하면 우리 둘의 삶이 더 재미있어질까?
- 당신의 삶에서 아쉽게 생각하는 부분은 뭐야?

매년 신혼여행을 갈 때마다 이런 것들을 물어보는 것은 두 사람이 만족스럽고도 오래가는 결혼생활을 이어온 비결입니다. 또한 이 책에서 말하려는 핵심이자 두 사람이 직업상의 연구로나 개인적인 경험을 통해 터득한 깨달음의 핵심입니다. 적극적으로 이런 것들을 물어보는 일이야말로 평생의 사랑을 일구는 비결입니다.

존은 줄리에게 꿈에 대해 물었다가 줄리의 에베레스트를 등반하는 꿈을 알게 되었습니다. 줄리는 존에게 꿈에 대해 물었다가 연구소를 운영하고 싶어하는 것을 알게 되었습니다. 그 후 두 사람이 의기투합해서 관계 연구소를 세우게 되었죠.

줄리는 곤경에 빠진 전 세계의 커플들을 도와주고 싶었습니다. 그들의 관계가 회복되어 결론적으로 그 자녀들까지 돕게 되는 꿈이었죠. 줄리의 꿈은 존의 꿈을 더욱 확장시켜 주었습니다. 그 꿈의 결실이 바로 가트맨 연구소입니다.

<u>두 사람은 해마다 두 사람의 미래를 상상하고 또 상상합니다.</u>

함께 꿈을 꾼다는 것은 관계에서 두 사람이 서로에게 해줄 수 있는 가장 의미 있는 일입니다. 그리고 파트너의 꿈을 존중해 준다는 것은 누군가에 대한 배려를 표현하는 효과적인 방법입니다. 그만큼 깊은 사랑을 드러내주기 때문입니다.

지금 두 사람이 서로에게 신의를 잘 지키고 있다고요? 그렇다면 상대방에게 가장 신성하고 중요한 것에도 신의를 지켜줄 수 없나요? 파트너가 상대 파트너의 꿈을 존중하고 응원해 주면 모두 자신이 간절히 원하고 바라는 사람이 됩니다. 그런 사람으로 살도록 응원 받는 기분을 느끼게 됩니다. 그렇게 되면 관계에서의 다른 문제도 더 원만해집니다.

사람은 누구나 꿈이나 인생 목표가 있습니다. 매일 해야 할 일과나 일, 가족, 심지어 관계를 위해 그 꿈과 목표를 의도적으로 희생시킬 필요는 없습니다.

지금 알렉스는 그림을 그리고 살면서 언젠가 그림으로 생계를 유지하는 것이 꿈입니다. 그 꿈이 이루어질지는 시간이 지나야만 알 수 있습니다. 여기에서 중요한 것은 케이샤가 그 꿈을 응원해 주는 일입니다. 설령 그로 인해 케이샤가 공과금을 어떻게 낼지, 가족은 어떻게 부양할지에 대한 걱정을 하게 되더라도요.

서로 번갈아가며 꿈을 이루기

더글러스와 레이철은 열렬한 사랑을 했습니다. 죽고 못 살 정도로 푹 빠져서 서로를 바라보며 밤을 지새우기도 했습니다. 두 사람은 막 사귀기 시작했고 서로 떨어져서는 견디질 못했습니다. 그러던 어느 날 더글러스가 폭탄 선언을 했습니다.

"1년간 이스라엘에 다녀오고 싶어. 나에겐 정말 중요한 일이야. 내 뿌리를 찾기 위해 꼭 다녀와야 해."

레이철은 가슴이 내려앉았지만 꼭 가야 하는 일이면 마땅히 그래야 한다고 대답했습니다.

"더글러스에게 그렇게 중요한 일이라는데 제가 어떻게 방해해요. 막 시작한 관계에서 1년은 정말 긴 시간이에요. 하지만 그것이 더글러스의 꿈이라서 가는 걸 아는데 어떻게 잡아요."

돌아온 더글러스는 뉴욕으로 가서 사내 출판 부문에서 출세하고 싶은 새로운 꿈을 밝혔습니다. 그때 레이철은 뉴욕과 4,828킬로미터나 털어진 곳에서 이제 막 의대 과정을 밟고 있었습니다. 더글러스가 당시를 떠올리며 말했습니다.

"그 시점에서 저희는 서로의 꿈에 대해 얘기해야 했어요. 둘의 꿈을 다 이루려면 떨어져 지내야 하는데 그렇게 몸이 떨어져 있으면 마음도 멀어지게 될까 봐 두려웠거든요."

더글러스는 뉴욕에 가는 걸 포기하고 레이철이 다니는 의대 근처로 이사하기로 마음을 정했습니다. 그리고 주 양육 부모가 되어 하던 일을 줄였습니다. "저희는 서로의 관계와 그 잠재성이 두 사람에게 가장 중요한 꿈이라는 결론에 이르렀어요."

그로부터 31년 후 레이철은 그 어느 때보다 더글러스가 자신의 꿈을 존중해 줄 때야말로 사랑받고 있다는 느낌이 확실하게 전해진다고 털어놓았습니다.

"저희가 직접 깨달아서 하는 얘기지만 관계를 이어가면서도 각자가 자신의 꿈을 이룰 수 있어요. 다만 두 사람의 꿈을 동시에 이룰 수는 없어요. 저희는 서로 번갈아가며 꿈을 이루는 법을 터득했고 서로를 무조건 지지해 줄 수 있게 되었어요."

레이철이 아이를 더 갖고 싶어 해서 더글러스는 기꺼이 일을 두 개나 했습니다. 출퇴근 시간에만 몇 시간을 할애하며 레이철이 꿈꾸는 가족의 이상을 지지해 주었습니다(레이철의 어머니도 거처를 옮겨와 6개월 동안 쌍둥이의 양육을 거들어주었고요).

더글러스가 사내 출판일을 그만두고 그동안 열심히 일해서 모아둔 밑천을 바탕으로 더 현명하고 건강하고 정당한 세상을 만들려는 사람들을 돕기 위한 저작권 대리업을 시작하고 싶어 했을 때였습니다. 이번에는 레이철이 지지를 보내주었습니다. 그 분야 저작권 대리업의 전망을 가늠할 모델이 전무해서 사업이 잘될지 확신할 수도 없는 상황이었는데도요.

레이철은 더글러스가 저작권 대리업으로 자리 잡을 때까지 꿈을 밀고나갈 수 있도록 기꺼이 '무예약 진료소'에서 긴급 치료 업무를 하며 몇 시간 더 일을 했습니다.

레이철이 안정적인 일자리와 다달이 들어오는 월급을 버리고 병원을 직접 운영하고 싶어 했을 때였습니다. 더글러스는 부부가 또 다시 경제적 위험을 감수해야 함에도 아내의 결정을 지지해 줬습니다.

너무 야심차게 일을 벌여 버거운 나머지 레이철이 병원 문을 닫았을 때도 더글러스는 병원에서 10분마다 환자를 진료하던 때로 다시 돌아가라고 권하지 않았습니다. 그렇게 말하면 아내가 마음이 상하고 영혼에 상처를 입을 거라는 걸 잘 알았기 때문이었죠. 그래서 다시 시도해 보라는 격려를 해주었고 레이철은 좀더 현명하게 시도했습니다. 그 결과 자신에게 잘 맞는 체계의 병원을 꾸렸습니다.

그러다 더글러스가 평생의 꿈인 소설 쓰기를 실행에 옮기고 싶어 했을 때도 레이철은 지지해 주었습니다. 남편이 글을 쓰느라 늦게까지 밤을 새고 아침에 일찍 일어나는 날이 많게 될 줄 뻔히 알면서도요. 게다가 가족끼리 주말휴가도 즐기지 못하게 될 터였습니다. 그래도 더글러스와 레이철은 먹고 살 수 있을 정도로만 최소한의 생활비를 정해 놓고 아껴 쓰면서 각자의 꿈을 펼쳤습니다. 꿈을 이루는 것이 큰집에 살거나 고급 차를 끌고 다니는 것보다 중요하다는 점을 알았기 때문입니다.

더글러스와 레이철은 지금까지 줄곧, 상대방이 가진 재능을 세상에 펼치며 기여하도록 응원해 주는 일을 두 사람의 결혼생활 제1순위 임무로 삼았습니다. 심지어 자신의 욕구를 충족시키는 것보다 훨씬 더 중요하게 여겼습니다. 말하자면 두 사람은 서로 돌아가면서, 그리고 서로 희생하면서, 또 서로를 지지해 주면서 결과적으로는 각자의 개인적 꿈을 실현시킨 셈입니다. 더불어 세상에 기여하고픈 공통의 꿈도요.

사람은 희생을 하지만 꿈을 포기해선 안 됩니다. 꿈을 억눌러선 안 됩니다. 꿈을 포기하고 억누르면 응어리, 원망, 열정의 상실이 와서 관계에 거리감이 생길 수도 있습니다. 직업적 꿈이든 취미생활 차원의 꿈이든 꿈에 관심을 갖고 그 꿈을 펼칠 만한 방법을 찾도록 파트너로서 서로 도와야 합니다. 그러면 파트너에게나 관계에서나 열정과 재미와 활기가 지켜집니다.

반쪽만 살아 있는 파트너를 원할 사람은 아무도 없습니다. 그러니 관계를 이어가면서도 여전히 꿈을 놓지 마세요. 꿈을 좇으세요. 그리고 파트너와 꿈을 공유하세요.

드림팀 꾸리기

당신의 파트너는 당신이 모르는 꿈들을 품고 있습니다. 마음속 깊숙이 품은 꿈들 중에는 유년시절에 뿌리가 닿아 있는 꿈도 있습니다. 당신과 파트너가 가진 꿈은 '마음속 깊은' 꿈일 수도 있습니다. 뒤의 '데이트 전 점검하기'에 우리가 연구하면서 가장 많이 접했던 마음속 깊은 꿈들을 소개해 놓았으니 한번 읽어보세요.

각자의 '마음속 깊은' 꿈은 중요하고 멋진 꿈이며 파트너와 공유되어야 하는 꿈입니다. 당신의 꿈은 여행과 모험이고 파트너의 꿈은 영적 여행일 수 있습니다. 이때 어떻게 하느냐에 따라 두 사람의 꿈은 (예루살렘이나 인도 등 성지로 함께 여행을 가는 식으로) 조율될 수도 있고 갈등을 일으킬 수도 있습니다.

이런 꿈의 문제에서 중요한 점은 꿈을 숨기지 않기입니다. 당신의 꿈이 더 강해지는 것이라면 그 꿈을 파트너와 공유하세요. 중요한 뭔가를 만드는 것이 꿈이라면 파트너와 그 꿈을 공유하세요.

큰 꿈이든 작은 꿈이든 꿈을 숨기면 자신의 가장 중요한 일면을 숨기는 셈입니다. 꿈은 당신이 갈망하는 것입니다. 그 갈망을 공유하지 않거나 심지어 파트너가 그 갈망을 알지 못하게 한다면 갈등이 생기게 됩니다. 꿈은 억누른다고 해서 사라지는 게 아닙니다. 우리 내면에 잠재되어 있으면서 갈등으로 떠오르게 마련입니다. 그렇게 되면 대부분 이러지도 저러지도 못하는 갈등이 되어 버립니다.

이러한 갈등을 피하기 위한 최선책은 크든 작든 당신이 가진 모든 꿈을 솔직히 털어놓는 것입니다. 또한 당신의 꿈과 다르다 해도 파트너의 꿈을 배려하고 존중해야 합니다. 파트너가 에베레스트를 등반하는 꿈을 꾸고 있다면 거기에 들어갈 시간과 돈을 따지지 마세요. 그런 꿈을 갖게 된 이유를 궁금해하세요. 그 꿈이 어떤 의미를 갖고 있는지 물어봐주세요. 그 꿈을 언제, 어떻게 실현시킬지 물어봐주세요.

당신이 가진 모든 꿈과 파트너가 가진 모든 꿈의 내면에는 내력이 있습니다. 각자의 내력을 들어주세요.

- 함께 꿈을 꾸세요.
- 함께 상상의 나래를 펼쳐보세요.
- 함께라면 불가능한 모든 꿈을 가능하게 할 수 있습니다.

세상은 당신이 당신의 꿈을 실현시켜 주길 바랍니다. 우리는 꿈을 통해 자신의 가장 큰 즐거움에 눈뜨고 세상과 나누어야 할 자신만의 독자적 재능을 발견합니다.

l 데이트 전 점검하기 l **꿈에 대한 지지**

 꿈의 중요도

다음에 나열된 꿈들을 훑어보면서 당신의 마음속 깊이 숨겨진 꿈이 없는지 살펴보세요. 아니면 당신이 가진 꿈을 생각해 보거나 잊고 있었던 꿈을 떠올리는 계기로 삼아 보세요.

1. 목록을 보면서 당신이 품고 있는 꿈에 동그라미를 치거나 빈칸에 당신의 꿈을 적어보세요. 미리 살펴봤다가 데이트 때 파트너와 같이 공유해 보세요.

2. 다음 페이지에 있는 원형 도표에 당신이 갖고 있는 꿈 하나를 (또는 최대 세 개를) 골라 맨 안쪽 원(꿈 #1)에 적어 넣으세요. 이 꿈은 당신에게 가장 중요한 꿈이어야 합니다.

가운데 원(꿈 #2)에는 당신에게 중요하긴 하지만 그렇게까진 중요하지 않은 꿈을 적으세요.

바깥쪽 원(꿈 #3)에는 실현되면 좋겠지만 '해도 되고 안 해도 되는' 꿈을 써넣으세요.

자, 먼저 아래에서 당신에게 가장 중요한 꿈 세 개에 동그라미를 치세요.

- 더 자유로워지기
- 평온을 누리기

260

- 자연과 하나 되는 체험해 보기

- 내가 누구인지 탐구해 보기

- 환상적인 모험 떠나기

- 영적인 여행에 나서보기

- 정의를 위한 투쟁

- 명예 세우기

- 다른 사람들의 상처 치유

- 가족 꾸리기

- 내 잠재성의 실현

- 힘과 영향력 갖기

- 우아하게 나이 들기

- 나의 창의적인 면 알아보기

- 다른 사람들을 도와주기

- 고수급의 실력 쌓기

- 잃어버렸던 예전의 나를 찾아가기

- 두려움 이기기

- 질서의식 갖기

- 더 생산적인 사람이 되기

- 제대로 휴식을 누려보기

- 내 삶에 대해 곰곰이 생각해 보기

- 중요한 뭔가를 끝까지 완수해 보기

- 나의 신체적 자질을 알아보거나 운동을 잘하게 되기

- 경쟁을 벌여 이겨보기

- 세계 여행

- 잘못에 대한 보상을 해주거나, 신이나 다른 사람에게 용서 구하기

- 중요한 뭔가를 만들어보기

- 내 삶의 한 장을 끝내기(뭔가에 작별을 고하기)

- _____

- _____

- _____

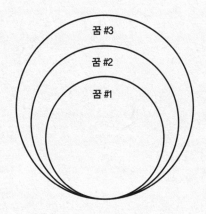

| 데이트 실전 | 꿈에 대한 지지

대화의 주제

당신이 가장 마음속 깊이 간직한 꿈이 뭐야? 서로의 꿈이 실현되게 도와주려면 우리가 어떻게 해야 할까? 함께 꿈을 꾸려면 어떻게 해야 할까?

마음가짐

이번 장에서 읽은 내용과 함께 서로의 꿈을 존중해 주는 것의 의미가 뭔지와 관련해서 떠올랐던 생각을 곰곰이 생각해 보세요. 데이트하기 전에 '데이트 전 점검하기'를 끝까지 마치고 꿈 세 개에 동그라미를 쳐놓으세요.

마음이 끌리는 꿈을 적으면서 각 꿈의 이면에 얽힌 내력을 들려주세요. 각각의 꿈을 실현시키면 어떤 기분이 들 것 같은지 털어놓을 준비를 해두세요.

데이트 장소

당신과 당신의 꿈에 영감을 북돋워줄 만한 곳을 찾아보세요. 새벽이나 해 질 녘에 수평선을 볼 수 있는 곳에서 데이트를 해보세요. 전망이 아름다운 곳 어디든 좋습니다. 어떤 식으로든 영감이나 열망을 자극할 만한 곳을 찾아보세요.

데이트법

두 사람이 공유하는 꿈(특정 동네에 집을 구입하는 꿈이나 특정 상업 지구에 제과점을 여는 꿈 등)에 중요한 의미가 있는 장소가 있다면 그 장소로 가서 데이트 해보세요.

집 데이트: 하늘이 올려다 보이는 옥탑이나 뒷마당에 담요를 깔고 대화를 나눠보세요. 서로의 꿈을 이야기하며 별을 보고 소원을 빌어보세요

챙겨갈 것

'데이트 전 점검하기'를 끝까지 마쳐서 동그라미 친 꿈 세 개를 적어가세요. 원한다면 종이와 펜을 가져가 직접 원을 그려 그 안에 꿈을 써넣어도 됩니다.

'데이트 전 점검하기'의 꿈들을 놓고 얘기해 볼 준비를 하고 가세요. 생각과 마음을 열어두세요.

주의사항

- 파트너의 꿈을 부정하면 안 됩니다. 이루어지지 못할 꿈이라고 말하거나 이의를 제기하거나 폄하하지 마세요.

- 그 꿈을 완전히 이해하기 전까지는 현실성을 결단 짓지 마세요. 그런 행동은 그 꿈을 죽이거나 파트너가 마음을 닫게 하는 지름길입니다. 그것이 비현실적인 꿈 같더라도 그런 생각을 파트너에게 말하지 마세요.

- 우리는 미래가 어떻게 될지 알 수 없습니다. 또한 어떤 일이 가능

한 일인지 알 수 없습니다.

- 파트너의 꿈을 이해하기 위해 중요한 것들을 물어보세요. 어린 시절의 어떤 일이 그런 꿈을 품게 했는지 등을 물어보면 됩니다.
- 꿈의 저변에 어떤 근원적 의미가 깔려 있는지 물어보세요.

열린 질문

'데이트 전 점검하기'에서 체크한 꿈에 대해 이야기해 본 후 서로에게 다음과 같이 물어보세요.

- 어렸을 때 꿈이 뭐였어?
- 당신 부모님은 꿈을 실현시키셨던 것 같아?
- 부모님은 당신의 어린 시절 꿈을 실현할 수 있게 응원해 주셨어?
- 가장 안쪽 원에 적은 꿈이 당신에게 중요한 이유는 뭐야?
- 그 꿈이 어떤 식으로든 어린 시절이나 집안 내력과 관련 있어? 관련 있다면 어떻게 관련 있는 거야?
- 꿈을 실현시켜야 할 근원적 목표가 있어?
- 이 꿈이 실현된다면 기분이 어떨 것 같아? 또 실현되지 않았을 땐 어떨 것 같아?
- 나머지 꿈 두 개에 대해서도 더 자세히 얘기해 줘.

함께할 미래를 위한 맹세

서로 돌아가며 다음 맹세를 소리 내서 읽으세요. 읊을 때는 눈을 맞춰주세요.

당신의 꿈을 제대로 알고 이해하기 위해 애쓸 것과,
앞으로 6개월 동안 당신의 꿈 중 하나를 응원하기 위한 일을
한 가지 할 것을 맹세합니다.

| 스피드 데이팅 | **꿈에 대한 지지**

- 서로의 꿈을 존중해 주기는 평생의 사랑을 일구기 위한 비결입니다.

- 두 사람의 관계는 두 사람의 인생 꿈 중 하나이지만 개인적으로 중요한 꿈은 각자가 다릅니다.

- 서로의 꿈을 모두 실현시킬 수는 있지만 동시에 실현시키기는 여간해서 힘듭니다. 경우에 따라 희생이 필요할 수도 있습니다.

- 파트너의 꿈을 존중해 주는 것은 파트너에 대한 당신의 사랑을 증명해 보이는 데 효과적인 방법입니다.

- 꿈이 존중되면 관계의 다른 문제도 더 원만해집니다.

- 사람은 누구나 꿈과 인생 목표가 있습니다.

- 어느 누구도 관계를 위해 꿈이나 목표를 희생해선 안 됩니다.

- 서로의 꿈을 공유하지 않으면 서로의 꿈을 존중해 줄 수도 없습니다.

서로를 믿고 기댈 수 있도록

지금까지 살펴본 여덟 번의 대화는 시작에 불과합니다. 지금까지의 주제는 미래를 함께할 생각 중인 사이와 오랜 시간 함께해 온 사이를 막론하고 서로의 관계에서 가장 중요한 점들입니다. 서로 논의해 볼 대화거리나, 서로를 알아가는 이해나, 평생토록 성장시켜 나갈 사랑에는 언제까지나 다함이 없습니다. 서로의 관계를 끊임없이 성장시키고 발전시키세요. 한 사람에 대해서는 알아도 알아도 다 알지 못하며 바로 그것이 설렘을 일으킵니다.

관계는 위대한 모험입니다. 그에 걸맞게 대접해 주세요. 호기심을 가져주세요. 취약성의 노출을 감수하세요. 과감히 안전지대 밖으로 나가보세요. 잘 들어주는 법을 배우세요. 말할 용기를 내세요. 희망, 두려움, 꿈을 털어놓으세요.

우리는 이 책을 시작하며 신뢰로 시작했는데 마무리하면서도 신뢰로 끝내려 합니다. 그만큼 신뢰는 모든 관계의 성패에 절대적으로 중요한 요소입니다. 관계가 원만한 커플들은 서로에게 안심을 느낍니다. 신뢰는 취약성을 드러내게 해줍니다. 신뢰가 늘면 관계는 더 좋아집니다.

사랑을 오래 이어가기 위해서는 비슷하지 않아도 됩니다. 대다수 커플이 비슷한 점보다는 다른 점이 더 많습니다. 하지만 취약성을 드러낼 수 있는 용기는 내야 합니다. 평생의 사랑은 서로간의 소소한 순간과 교류가 쌓이면서 일구어집니다.

파트너가 당신을 믿고 기댈 수 있도록 해주세요.

아침에 헤어질 때 파트너가 그날을 어떻게 보낼지 관심도 없이 나오지 마세요. 서로 떨어질 때나 다시 만날 때나 키스를 나누세요. 같이 놀이를 즐기세요. 시간을 내서 서로의 하루를 도란도란 얘기해 보세요. 파트너가 무슨 일로 스트레스를 받고 있는지 알아주세요. 파트너가 어떤 기대를 품고 있는지 알아주세요. 서로의 꿈을 존중해 주세요.

앞에서도 말했듯 가장 행복한 관계를 맺고 있는 그룹의 커플들은 긍정적인 표현을 합니다. 오랜 사랑을 이어가는 커플들은 말다툼이나 갈등 중에도 긍정적 교류와 부정적 교류의 비율이 5 대 1입니다. 일상적으로 함께 시간을 보낼 때는 긍정적 교류와 부정적 교류의 비율이 20 대 1입니다. 서로 부정적인 말 한마디를 내뱉을 때마다 스무 마디의 긍정적인 말을 하는 셈입니다.

다시 말해 서로를 소중히 여긴다는 얘깁니다. 서로를 소중히 여기기 위한 가장 좋은 방법은 서로의 관계를 우선순위에 두는 것입니다. 서로의 관계에 시간과 관심을 내주면서 서로가 함께 만들어가는 삶을 의식적으로 챙기세요. 이 여덟 번의 데이트를 계속 이어가면서 앞으로 800번도 넘게 데이트를 가져보세요.

첫 번째 데이트의 사례로 소개했던 벤과 레아의 경우엔 이 데이트들을 통해 대화를 나누면서 관계에 큰 변화를 맞았습니다. 레아의 말로 직접 들어보죠.

"저희는 이미 결혼하기로 한 사이이긴 했지만 그 데이트에서 나눈 대화 덕분에 상상도 못했던 정도까지 사이가 더 가까워졌어요. 벤은 저를 이해해 주기 위해 기꺼이 시간을 내주고 싶어 했어요. 신뢰, 돈, 꿈, 가족이 저에게는 세상 전부나 마찬가지인 내력을 알아줬어요. 어떤 사람들에겐 몇 년이 걸릴 법한 일을 몇 달 만에 이루어낸 기분이에요. 그동안 탄탄한 토대가 다져져 미래에 어떤 일이 닥친다 해도 서로가 서로의 편이 되어 응원해 줄 거라는 느낌이 들어요. 지금 저는 그 어느 때보다도 더 벤을 사랑하고 있어요.

이번 데이트들은 모두 모험이었어요. 서로를 이해하고 가능한 한 깊이 서로를 알기 위한 중요한 여정이었던 것 같아요. 저희의 사랑은 이제 예전과는 달라요. 더 진실된 사랑이에요. 이런 표현이 어떨지 모르겠지만 더 단단해졌어요. 이런 데이트라면 평생 하고 싶어요."

이 데이트들을 했던 커플 대다수가 매번 대화를 나누고 난 후 서로 놀라울 만큼 가까워졌다는 점에 공감했습니다. 사랑이 더 깊어졌을 뿐만 아니라 인생 여정을 함께하고 있다는 것에 설렘을 느꼈습니다.

사랑하는 관계 속에서 살아간다는 것은 우리가 아는 한 그 무엇보다 멋진 모험입니다. 우리가 당신의 관계에 어떤 일이 일어날지 장담해 줄 수 없지만 이것만큼은 확신합니다. 이 여덟 개의 주제를 살펴보며 두 사람의 모든 차이점을 이해하고 이를 포용하기 위해 헌신한다면 놀랄 만한 결과를 일구어낼 수 있습니다.

두 사람이 서로에게 관심을 돌릴 때마다, 위안을 해줄 때마다, 귀 기울여 잘 들어줄 때마다, 파트너의 관심사를 당신의 관심사보다 우선해줄 때마다 두 사람만의 러브스토리를 써나가는 것입니다.

잊지 마세요. 함께 일궈낸 사랑은 두 사람과 그 관계에만 이로움을 가져다주는 것으로 끝나지 않습니다. 다른 사람들에게도 복이 미치게 됩니다. 자녀가 있다면 두 사람의 관계는 자녀들에게 좋은 유산이 됩니다. 두 사람의 사랑은 당신의 자녀들이 파트너를 사랑하는 방식과, 당신의 손주들이 파트너를 사랑하는 방식에도 영향을 미치게 됩니다. 지금 일구고 있는 그 사랑이 대대로 물려지게 됩니다.

두 사람의 사랑은 다른 커플들에게 롤모델이 되기도 합니다. 우리의 결혼생활과 가족은 바로 우리 사회의 뼈대입니다. 우리의 관계가 행복하고 건강하면 우리 사회도 행복하고 건강해집니다. 이 책에서 배운 기법들(중요한 질문을 하고, 잘 들어주고, 차이점을 이해하고 포용하는 방법)을 친구들, 친척, 직장 동료, 심지어 타인들과의 관계에서도 활용해보세요. 우리는 서로 배울 것이 많은 사람들입니다.

이 책은 당신을 돕기 위해서 썼지만 당신이 다른 사람들을 도와줄 수 있길 바라는 취지도 있습니다. 삶에서 가장 중요한 일(즉, 우리와 가장 가까운 사람들을 사랑하는 방법)에 대해 어떤 식으로든 훈련이나 교육을 받은 사람들은 그리 많지 않습니다.

부디 주변에 관계를 맺거나 새롭게 맺으려 노력 중인 사람이 있다면 이 책을 알려주세요. 그 사람들의 관계 맺기는 그 사람들에게만 영향을 미치는 게 아니라 그들의 자녀에게까지 영향을 미치고, 지역사회와 세계에까지도 영향을 미칩니다.

지금까지 이 책을 읽어주셔서 감사합니다. 빛나는 사랑의 노력을 열심히 기울여주고, 모든 사람을 위해 더 애정이 깃든 미래에 기여해 주신 점에도 감사를 전합니다.

누구나 평생의 사랑을 받을 자격이 있습니다.

| 감사의 글 |

우선 우리 네 사람이 커플로서 처음 만났던, 싱크탱크 릴레이션십스 퍼스트에 감사를 전하고 싶습니다. 하빌 헨드릭스와 헬렌 라켈리 헌트의 주도로 결성된 이 단체는 커플들이 불가피한 다툼을 벌여 두고두고 남을 상처를 유발하기 전에 관계 교육을 공유해주고픈 동기에 따라 관계 전문가들이 의기투합한 전례 없던 모임이었습니다.

원만한 관계를 이어갈 가능성을 높이기 위한 기법을 배울 수 있는 책을 쓰자고 구상한 자리가 바로 이 모임에서였습니다. 그때 건강한 결혼생활이 건강한 가족을 낳고, 또 건강한 가족이 건강한 사회를 낳을 수 있다는 취지에 따라 건강한 결혼생활을 일구도록 돕자는 목표가 세워졌습니다.

이 책을 쓸 수 있도록 지지와 격려를 보내준 릴레이션스 퍼스트의 친구들과 동료들에게 감사의 마음을 전합니다. 하빌 헬렌, 매리온과 맷

솔로몬, 캐롤라인 웰치와 앤 시겔, 엘린 배이더와 피트 피터슨, 주디스와 더글러스 앤더슨, 릴리안 보저스, 제프 츠바이크, 트레이스 볼더맨-탯킨과 스탠 탯킨, 미셸 바이너-데이비스와 짐 데이비스, 에이미 뱅크스, 조애니와 스콧 크리엔스, 테리사와 스콧 벡, 크리스 브리클러, 얼래니스 모리셋과 솔아이, 다이앤 애커먼, 젯트와 리치 사이먼, 페기 캘러핸, 브린 프리드먼, 제니퍼와 에릭 가르시아, 엘리자베스와 케빈 필립스, 존과 제이미 스탠리, 주디 조든, 켈리 톰프슨-프래터와 밥 프래터, 댄 프로서, 페니 조지, 존 더글러스와 수 존슨, 게일 오버.

존과 줄리는 전 세계에 멋진 관계들을 탄생시키기 위해 대학과 수백만 가정을 조사하며 자료 수집과 분석을 도와준 가트맨 연구소의 팀에게 이루 말할 수 없이 고마움을 느끼고 있습니다. 특히 리더십 팀인 앨런과 에타나 쿠노프스키, 마이크 풀월러, 젠 돌비, 캐리와 돈 콜을 비롯해 크리스털 크레세이, 크리스 돌러드, 케이틀린 도나휴, 한나 이턴, 케이틀린 이언, 월터 귀티, 켄드라 한, 에이미 로프티스, 제니퍼 로서, 에이미 맥머핸, 세이드 피터슨, 케이티 레이놀즈, 베카 생원, 아지자 세이코타, 테레스 수댄트에게 각별한 찬사를 보내고 싶습니다.

이 중 한 사람이라도 없었다면 이 책은 세상의 빛을 보지 못했을 겁니다. 앤드류 멈에게도 가트맨 연구소에 협력해 주는 한편 전문가로서의 재기를 발휘하여 우리의 연구를 위한 커플들과의 소통이 원만히 이루어지도록 도와준 점에 대해 감사드립니다.

더글러스와 레이철은 머라이어 샌퍼드, 켈시 셰로나스, 줄리아 던, 캐서린 배즈, 코디 러브, 에스메 슈월 위건드, 니나 콜베, 길니스 타오르미나를 비롯해 아이디어 아키텍츠와 산타크루스 통합의료센터의 팀원들에게 감사 인사를 전하고 싶습니다.

수년간 가트맨 연구소, 러브랩 연구소, 워크숍, 개인적 실행을 통해 존과 줄리에게 협조해 준 커플들뿐만 아니라 진료와 워크숍을 통해 레이철과 면담을 가져준 환자와 커플들에게 감사 인사를 드리고 싶습니다. 특히 이 책을 위해 자발적으로 데이트를 수행해 주고 자신들의 이야기와 여덟 번의 데이트에 대한 피드백을 공유해 준 300쌍의 커플들에게 각별한 감사의 마음을 전합니다.

실력 있는 편집자 마리 엘런 오닐, 그리고 레베카 칼라일, 클로에 푸턴, 모이라 케리건, 에밀리 크래스너, 제니 맨델, 베스 레비, 바버라 페라진, 래 앤 스피첸베르거를 비롯한 워크맨 출판사의 팀원들에게도 감사드립니다. 이 모든 분의 노고 덕분에 이 책이 세상에 나올 수 있었습니다.

특히 수년간의 힘든 잉태기 동안 세상 밖으로 잘 나오도록 품어준 출중한 능력의 워크맨 발행자인 수지 볼로틴에게는 따로 인사말을 전하고 싶습니다. 그녀가 이 책에 열정을 쏟아주고 이 책이 자녀들과 자녀들의 파트너들만이 아니라 그 외의 수백만 명의 커플들의 손에 쥐어지길 바라는 열망을 품어준 덕분에 이 책이 세상 빛을 볼 수 있었습니다.

라라 러브 하딘과 그녀의 남편 샘 하딘에게는 다른 누구보다 큰 고마움을 느끼고 있습니다. 라라는 공동저자로 참여해 주어 우리 네 사람이 중간 중간 자주 웃음을 터뜨리며 두서없이 나눈 대화들을 지금 독자 여러분의 손에 쥐어진 책으로 보기 좋게 정리해 주었습니다.

그녀처럼 지성과 창의성을 겸비한 사람을 파트너로 둔 덕분에 우리의 아이디어들이 잘 다듬어지고 보강될 수도 있었습니다. 라라를 공동저자로 만난 것은 말로는 다 표현할 수 없을 정도로 고맙고 행운이었다고 생각합니다.

라라는 자신이 맺어온 관계나 샘과의 멋진 결혼생활을 통해 터득한 지혜를 보태주기도 했습니다. 샘은 아낌없는 지원을 보내주며 훌륭한 배우자의 모습을 보여주었습니다. 헌신적인 관계를 맺고 있는 사람이 이루어내는 성과는 두 파트너 모두의 사랑과 배려 없이는 불가능할 것이라고 믿습니다. 라라와 샘, 두 사람에게 정말 고마워요.

우리 사이의 사랑이 이루어낸 최고의 결실인 우리의 자녀들에게도 고마운 마음을 전하고 싶습니다. 존과 줄리는 딸 모리아와 사위 스티븐에게 사랑과 감사를 전하고 싶습니다. 스티븐으로선 예비 장인장모가 모두 심리학자인 동시에 결혼생활 전문가였으니 결혼 전에 위압감이 들었을 테지만 존과 줄리는 처음 만난 순간부터 스티븐이 딸의 천생연분이라는 걸 알아보고 감격스러웠습니다.

더글러스와 레이철은 제시, 케일라, 엘리아나에게 (그리고 누가 될지 모르지만 세 자녀의 미래의 파트너들에게도) 사랑과 고마운 마음을 전하고 싶습니다. 결혼과 양육만큼 위대한 모험이 없는 이 삶에서 두 사람은 가족을 이룰 기회를 얻은 것에 너무 감사히 여기고 있습니다.

마지막으로 이 책을 읽어준 커플들, 다른 사람들에게 이 책을 권해준 커플들, 자신들의 결혼생활과 가족과 지역사회의 토대로서, 더 나아가 우리가 함께 힘을 합쳐 만들어가고 있는 세상의 토대로서 사랑, 신뢰, 이해를 쌓아가기 위해 노력하는 커플들 모두에게 감사드리고 싶습니다.

🍺 행복한 데이트를 위한 더 많은 열린 질문들

평생의 관계 동안 데이트를 매주 하기를 바라는 의미에서 앞으로의 데이트에서 서로에게 물어볼 만한 질문들을 더 실어봤습니다. 이 질문들은 예시일 뿐이며 중요한 점은 따로 있습니다. 끊임없이 파트너를 궁금해하고 끊임없이 파트너와 사랑에 빠지고 끊임없이 서로에게 중요한 질문을 해야 합니다.

밤 데이트와 관련된 자료를 더 알아보고 싶다면 www.workman.com/eightdates를 방문해 주세요.

- 당신의 삶이 어땠으면 좋겠어? 그러니까 한 3년쯤 후에 말이야?
- 당신이 지금 하는 일에 어떤 변화가 생길 것 같아?
- 우리 집에 대해 어떻게 생각해? 집을 좀 다르게 꾸미고 싶은 데가 있어?
- 앞으로 100년을 산다면 어떤 삶을 살게 될 것 같아?
- 당신의 어머니나 아버지와 비교할 때 당신이 어머니나 아버지로서 어떤 것 같아?
- 우리 아이가 어떤 사람이 될 것 같아? 혹시 걱정되는 게 있어? 기대 되는 점은?
- 지금 당신이 하는 일에 대해 어떤 느낌이야?
- 인생에서 되돌아가고 싶은 10년을 꼽는다면 언제야? 그 이유는 뭐야?
- 지금 어머니나 아버지로 사는 것에 대해 어떤 기분이 들어?

- 인생을 되돌려 한 가지를 바꿀 수 있다면 뭘 바꾸고 싶고, 그 이유는 뭐야?

- 지금 현재의 삶에서 설렘이 느껴지는 부분은 뭐야?

- 내일 새로운 재주 세 가지를 갖고 눈뜰 수 있다면 어떤 재주를 갖고 싶어? 그 이유는 뭐야?

- 미래를 생각할 때 가장 걱정되는 게 뭐야?

- 지금 당신에게 가장 듬직한 동료들과 가까운 친구들은 누구야? 그동안 그 사람들이나 당신에겐 어떤 변화가 있었어?

- 청소년기에 가장 흥미로웠던 사건과 기분 나빴던 사건은 뭐였어?

- 역사상 다른 시대에 살 수 있다면 어느 시대에서 살아보고 싶어? 왜 그 시대인데?

- 다른 커리어나 직업을 선택할 수 있다면 어떤 직종을 해보고 싶어? 그 이유는 뭐야?

- 당신의 성격을 한 가지 바꿀 수 있다면 뭘 바꿔보고 싶고, 그 이유는 뭐야?

- 작년에 당신에게는 어떤 변화가 있었어?

- 다른 사람의 삶을 살아볼 수 있다면 누구의 삶을 살아보고 싶고, 그 이유는 뭐야?

- 현재의 인생 꿈은 뭐야?

- 우리 가족에 대해 어떤 목표를 갖고 있어?

- 이 세상에서 다른 사람의 모습으로 살 수 있다면 누구의 모습으로 살고 싶고 그 이유는 뭐야?

- 당신에게 올해는 어땠어? 흥미로웠던 일이 뭐야? 아쉬웠던 일은?

- 가장 자랑스러웠던 순간에 대해 얘기해 줘.

- 스포츠 분야에서 슈퍼스타가 될 수 있다면 어떤 스포츠가 좋아? 그 이유는 뭐야?

- 지난 수년 동안 어머니나 아버지로서 어떤 변화가 있었어?

- 지난 수년 동안 딸이나 아들로서 어떤 변화가 있었어?

- 지난 수년 동안 형제자매로서 어떤 변화가 있었어?

- 일가친척 중에 가장 가깝게 느껴지는 사람은 누구고 그 이유는 뭐야?

- 지금껏 살면서 가장 힘들었던 사람은 누구야?

- 세상에서 가장 돈 많은 부자가 될 수 있다면 그 돈으로 뭘 하고 싶어?

- 24시간 동안 동물로 변할 수 있다면 어떤 동물이 되어보고 싶고, 그 이유는 뭐야?

- 어릴 때 영웅으로 삼았던 사람은 누구야?

- 남은 생을 다른 나라에서 살 수 있다면 어디에서 살고 싶고 그 이유는 뭐야?

- 음악이든 춤이든 예술 분야에서 천재가 될 수 있다면 어떤 재능을 가져보고 싶고 그 이유는 뭐야?

🥛 밤 데이트를 위한 또 하나의 연습, 파트너 소중히 여겨주기

이 연습은 여덟 가지 데이트 중 어떤 데이트에서든 해볼 수 있습니다. 또는 서로를 소중히 여겨주기 위해 갖게 된 특별한 밤 데이트에서의 재미있는 틀로 삼아볼 수 있습니다.

다음의 목록을 보면서 파트너에게 해당되는 자질을 모두 체크해 보고 파트너가 그런 자질을 내보이는 사례도 생각해 보세요. 그런 다음 혼잣말로 말해 보세요. '이런 파트너를 만나다니 나는 정말 행운아야.'
다음 데이트 때 그렇게 체크한 목록을 훑어보고 사례도 알려주면서 파트너에게 그런 긍정적 면을 갖추어주어 고맙다고 말해 주세요.

나에게 당신이 정말로 소중한 사람으로 느껴지는 이유

(목록에서의 각 해당 사항에 대한 사례도 꼭 말해 주세요.)

적극성 | 차분함 | 왕성한 호기심

적응성 | 유능성 | 과감함

모험심 | 배려심 | 성실성

야심 | 쾌활함 | 듬직함

뛰어난 안목 | 똑똑함 | 결연함

예술성 | 자비심 | 헌신성

진정성 | 당참 | 소탈함

주의력 | 양심성 | 공감력

균형 감각 | 신중함 | 인내심

대담성 | 씩씩함 | 윤리성

용기 | 창의성 | 공정성

원기왕성함 | 온화함 | 책임감

유연함 | 음악성 | 자신감

너그러움 | 깔끔함 | 풍부한 감수성

친화력 | 마음 씀씀이 | 진지함

재미있는 성격 | 관찰력 | 재치

관대함 | 열린 마음 | 사교성

다정함 | 낙천성 | 숭고한 정신

유쾌함 | 체계성 | 안정감

근면성 | 끈기 | 강인함

건강함 | 평화적 성향 | 격려적 성향

잘 도와주는 마음 씀씀이 | 날카로운 통찰력 | 사려 깊음

정직함 | 조심성 | 관용

겸손함 | 실용성 | 신뢰성

유머 | 원칙성 | 믿음직함

분별력 | 기민함 | 진실성

총명함 | 침착함 | 이해력

흥겨움 | 이성적 성향 | 이타성

직관력 | 든든함 | 따뜻한 인심

친절함 | 회복력 | 현명함

지성 | 임기응변력 | 기지

신의 | 정중함

주

네 번째 데이트

1. Dew, J., Britt, S. & Huston, S. (2012). "Examining the relationship between financial issues and divorce." *Family Relations*, 61, 615~628.

2. 존 가트맨, 『사랑의 과학』, Routledge, 2014.

3. Pew Research Center, "10 Findings about Women in the Workplace," pewsocialtrends. org/2013/12/11/10-findings-about-women-in-the-workplace/

4. US Census Bureau, DataFerrett, *Current Population Survey*, Monthly Microdata, December 2014.

5. 각각 2010년 1월 14~27일과 2011년 12월 6~19일에 진행된 퓨 리서치 센터의 두 건의 설문조사에 기반한 통계수치임. 두 설문조사의 자료를 대조해 보니 결과가 유사한 것으로 나왔으며 표본 규모와 신뢰성을 높이기 위해 두 설문조사를 통합시킴.

6. Rogers, Stacy J. & May, Dee C. (2003). "Spillover between marital quality and job satisfaction: Longterm patterns and gender differences." *Journal of Marriage and Family*, 65, 482~495.

7. Kluwer, Esther S., Heesink, Jose A. M. & Van de Vliert, Evert, (1996). "Marital conflict about the division of household labor and paid work." *Journal of Marriage and Family*, 58, 958~969.

8. Abraham, Katharine G., Flood, Sarah M., Sobek, Matthew & Thorn, Betsy. (2011). American Time Use Survey Data, Maryland Population Research Center, University of Maryland, College Park, and Minnesota Population Center, University of Minnesota, Minneapolis.

다섯 번째 데이트

1. Expenditures on Children by Families, (2013). cnpp.usda.gov/sites/default/files/expenditures_on_children_by_families/crc2013.pf

2. 아엘렛 월드먼, '진심으로, 필사적으로, 죄책감으로(Truly, Madly, Guiltily)', *New York Times*, March 27, 2005.

3. 가족일상생활연구소(Center for Everyday Lives of Families): celf.ucla.edu/pages/index.php

여섯 번째 데이트

1. Stafford, L (2016). "Marital sanctity, relationship maintenance, and marital quality." *Journal of Family Issues #37*.

2. Pew Research Center, (2014). Religious Landscape Survey, pewforum.org/2016/10/26/religion-in-marriages-and-families/

일곱 번째 데이트

1. 이번 장의 질문표는 존 가트맨의 다음 책에 처음 실렸던 내용임. 『행복한 부부 이혼하는 부부』, Three Rivers Press, 1999.

우리가 사랑할 때 물어야 할 여덟 가지

초판 1쇄 2021년 3월 5일
초판 3쇄 2024년 2월 15일

지은이 | 존 가트맨, 줄리 슈워츠 가트맨, 더글러스 에이브럼스, 레이철 칼턴 에이브럼스
옮긴이 | 정미나
펴낸이 | 송영석

주간 | 이혜진
편집장 | 박신애 **기획편집** | 최예은 · 조아혜 · 정엄지
디자인 | 박윤정 · 유보람
마케팅 | 김유종 · 한승민
관리 | 송우석 · 전지연 · 채경민

펴낸곳 | (株)해냄출판사
등록번호 | 제10-229호
등록일자 | 1988년 5월 11일(설립일자 | 1983년 6월 24일)

04042 서울시 마포구 잔다리로 30 해냄빌딩 5 · 6층
대표전화 | 326-1600 **팩스** | 326-1624
홈페이지 | www.hainaim.com

ISBN 978-89-6574-340-8